中文社会科学引文索引（CSSCI）来源集刊

第一资源

First Resource

吴江 主编

中国人事科学研究院/编

总第20辑

2012年第4辑

党建读物出版社

图书在版编目（CIP）数据

第一资源. 总第20辑 / 吴江主编；中国人事科学研究院编. —北京：党建读物出版社，2012.8
ISBN 978-7-5099-0273-8

Ⅰ.①第… Ⅱ.①吴… ②中… Ⅲ.①人力资源管理—文集 Ⅳ.①F241-53

中国版本图书馆CIP数据核字（2012）第284688号

第一资源
DIYI ZIYUAN
（总第20辑）
吴江 主编
中国人事科学研究院 编

责任编辑:郭 涛 **责任校对**:张学民 **装帧设计**:郭 鹏

党建读物出版社出版发行
http://www.djcb71.com
（北京市西城区南横东街6号 邮编：100052 电话：010-58587632 / 7681）
新华书店经销 保定市中画美凯印刷有限公司印刷

787毫米×1092毫米 16开本 10.5印张 237千字
2012年8月第1版 2012年8月第1次印刷
印数：1-3000

ISBN 978-7-5099-0273-8 定价：30.00元

卷 首 语

2010年颁布实施的《国家中长期人才发展规划纲要（2010—2020年）》明确提出，“鼓励地方和行业结合自身实际建立与国际人才管理体系接轨的人才管理改革试验区”。之后，我国各地纷纷开展人才特区建设，探索建设人才管理改革试验区，搭建各类人才聚集的新平台。福建平潭综合实验区人才特区是海峡两岸跨区域合作的新探索，2012年6月，平潭综合实验区建设研讨会在福州举行，本辑专门设置“人才管理改革试验区”专栏，刊发了人力资源和社会保障部副部长信长星在研讨会上的讲话，以及北京中关村人才特区建设的相关研究，并以人才特区建设为例，从理论和实践两方面对地方建设人才管理改革试验区的最新发展进行了深入全面的分析。

大学生村官制度经历了10多年的发展，其职业发展现状和对策如何？我国公务员作为实施公共政策的主体，公务员队伍建设和职业发展应引起重视。例如，西方的莫石理论对我国公务员队伍建设有何借鉴？如何解决基层公务员的“职业高原”问题？本辑“人才队伍”栏目对这些问题进行了探索。

本辑“人才战略”栏目刊发了实施人才强国战略政策框架体系研究、上海国际人才自由港发展战略研究等文章，作者从不同的视角对人才战略与规划进行了探讨和研究。此外，“管理创新”栏目关注人力资源和社会保障系统乡镇基层基本公共服务标准化指标体系，以及复杂变革背景下组织情绪能力与学习创新关系等研究。“国际视野”栏目刊载了关于团队建设中的心理安全、美国联邦政府改革的新动向以及国外职业军官制度解析等文章。读者可以从中外专家不同的研究视角和层面出发，透视当今政府等组织管理的深层次问题。

2012年5月3日，《第一资源》召开了创刊五周年暨宣传普及科学人才观座谈会，人力资源和社会保障部副部长何宪到会并作重要讲话，有关领导和专家学者参加了会议，深入学习和广泛宣传科学人才观，共同研讨人事人才发展的问题与对策，同时对办好《第一资源》提出了殷切期望。《第一资源》能够跻身中文社会科学引文索引（CSSCI）来源集刊行列，这是对编者最有力的鞭策，也对今后刊物发展提出了更高要求。

编 者

2012年8月

目　录

会议综述

Contents

Pilot Area of Talent Management Reform

Talent Team

Talent Strategy

Management Innovation

International Perspectives

Conference Review

深化体制机制创新
推进平潭人才特区建设*

信长星

[摘要] “人才特区”在推动经济发展方式转变以及引领科学发展等方面发挥着重要作用，它的建设重点是在体制机制创新上求突破，形成具有区域特色的人才竞争比较优势。本文就平潭人才特区的建设进行了专门的讨论，概括了需要处理好的四对关系，即产业发展与人才发展、人才政策创新与法律法规、既有人才与引进人才、硬环境建设与软环境建设的关系。文章最后提出了进一步支持平潭人才特区建设的建议。

[关键词] 人才特区　体制机制创新　福建平潭　两岸人才交流

一、充分发挥人才特区在推动经济社会发展中的重要作用

（一）建设人才特区，目的在于打造引领科学发展的实践载体

“人才特区”是指在特定区域内，人才工作的政策保障、体制建设、机制运行、资金投入、环境营造和工作内容、工作模式等方面都比区域外具有优先性和特殊性。人才特区应成为高层次人才的高聚集区，成为高层次人才充分发挥作用的平台。人才特区首先要有一个以人才及相关要素为主要对象，以开展特殊政策创新、突破、实验为主要任务的特区区域，承担着体制机制、管理模式创新与突破的探索、检验的使命。建设人才特区，目的就是要探索建立全新的人才工作格局和工作机制，进而集聚优秀人才，发挥人才的创造性，带动和促进当地经济社会全面发展。

（二）建设人才特区，重点在于推进人才管理体制机制创新

《国家中长期人才发展规划纲要（2010—2020年）》提出，要改进人才管理方式，鼓励地方和行业结合自身实际建立与国际人才管理体系接轨的人才管理改革试验区。李源潮同

* 本文作者系人力资源和社会保障部副部长、党组成员，本文选自其2012年6月21日在平潭人才特区建设研讨会上的讲话。

志在出席中关村人才特区建设工作大会时指出，要积极探索和创新人才政策与体制机制，营造有利于人才创新创业的良好环境，努力把人才特区建成体制机制改革试验的先行区。建设人才特区，关键要在“特”字上做文章。要实施特殊政策，在政策创新上取得突破。要围绕用好用活人才，完善政府宏观管理、市场有效配置、单位自主用人的人才管理体制，不断健全完善人才培养开发、评价使用、流动配置和激励保障机制，努力创造有利于人才大量涌现和脱颖而出的良好制度环境。

（三）建设人才特区，方向在于推动经济发展方式转变

转变经济发展方式，就是从要素驱动、投资驱动转到创新驱动，加快推动产业结构调整，促进产业结构升级，建设创新型国家，从“中国制造”向“中国制造”+“中国创造”转变。为此，必须实施人才优先发展战略，创新人才发展体制机制，实施更加灵活、更加开放、更加有效的人才政策。在市场经济发育比较成熟、对外开放程度较高、人才发展基础和条件较好的区域，实施特殊政策，探索特殊机制，打造特殊平台，广泛集聚海内外科技领军人才、创新创业人才，支撑引领经济社会发展。

二、加快人才特区建设，深化人才工作体制机制创新

（一）要在体制机制创新上求突破

建设人才特区，要允许有更加宽松的改革权和试验权，允许人才管理模式和政策具有优先性和特殊性，允许在与国际人才管理接轨上突破现有的体制政策限制。要通过改革试验，在局部范围、特殊领域内，创新一些更加灵活的人才政策，接轨一批国外通行的人才政策和国际惯例，破除那些与经济社会发展要求不相适应的体制机制障碍，为人才成长和发展营造良好环境。在第二届中国人才发展论坛上，尹蔚民部长提出，要努力营造创新创业人才成长的制度环境、市场环境、生活环境和社会环境。这也为人才特区建设提出了通过体制机制创新，营造良好人才发展的特区环境的改革任务。

（二）要形成人才竞争的比较优势

人才特区首先是服务发展的特区。在人才引进、人才评价、人才流动、社会保障、人才国际化等方面的试验，要紧紧扣住本地发展的实际需要，特别是要结合本地区的产业结构调整、发展方式转变和改善民生的需要，形成自己的人才比较优势。比如，无锡市在2006年启动了5年内引进30名领军型海外留学归国创业人才的“530”计划，随后被确立为江苏省人才特区建设试点城市之一。无锡市结合经济转型、产业升级，建设了一批战略性新兴产业“专业人才集聚区”，高层次人才与高科技产业良性互动，科技进步对经济增长的贡献率大幅提高。

（三）要具有鲜明的区域特色

建设人才特区要注重突出区域特色，特别要是针对一些长期存在的、带有全局性和普遍性的体制机制问题，选择一些地方和机构作为“试验区”，进行体制机制改革创新攻关，探索解决办法。要抓好人才特区规划，避免重复建设。要以点带面，发挥人才特区的辐射作用。

三、建设平潭人才特区，为建设两岸共同家园提供人才保证

平潭人才特区建设，要学习借鉴国际、台湾地区和其他省市的成功经验，围绕建设两岸共同家园，力争在推进两岸人才交流合作、人才政策和体制机制创新、平台载体建设等方面有所突破。平潭人才特区建设要注意把握和处理好以下关系：

（一）把握和处理好产业发展与人才发展的关系

平潭人才特区建设，要根据平潭综合实验区各类产业发展的需要，形成特定的人才队伍。要围绕产业，服务发展，明确平潭人才特区的“特”在什么地方。既要瞄准国际化、高层次、创新型、高技能，也要注意围绕产业发展的需求进行人才引进、培养和开发，包括高新技术创新创业人才、基层管理人才、社区工作人才、商贸物流人才、小微企业创业人才等。要根据产业现状和发展趋势，做好人才需求的分析和预测，与产业发展相配套，体现平潭的海岛特色、海峡特色。

（二）把握和处理好人才政策创新与人才法律法规的关系

平潭人才特区建设，目前已经开始实施一系列特殊优惠政策，政府发挥主导作用，解放思想、转变观念，在用人制度、税收优惠、创业扶持、人才激励和综合配套服务方面，先行先试，探索创新。同时，提供人才公共服务要依据法律和法规，关注公共政策的合法性，既要有政策思路，也要熟悉市场经济的规律、熟悉经济运行的规则，要妥善处理好政策创新与法律规定之间的关系。

（三）把握和处理好既有人才与引进人才的关系

平潭人才特区建设，要有前瞻性思维和宏观把握。平潭有很多本土人才，要注重发挥好他们的作用。对于急需紧缺的人才，可以采取人员招聘、项目合作、短期服务和智力引进等方式，不求所有，但求所用。比如，在公共管理方面，要重视政策咨询和管理智囊的作用，请有智慧的人出主意、想办法，充分听取专家的意见，推进政府决策的科学化、民主化。

（四）把握和处理好硬环境建设与软环境建设的关系

平潭人才特区建设，要建设人才宜居生活环境，加强基础建设，开辟两岸往来便捷通

道，完善城市服务功能，健全生活服务设施。同时，要优化人才发展软环境，完善社区、教育、医疗和社会保障等社会管理和公共服务机制。

四、进一步支持平潭人才特区建设

人力资源社会保障部作为政府人才工作综合职能管理部门，将积极发挥职能作用，深化部省合作，共同推进平潭实验区人事人才工作发展。

（一）支持平潭实验区加快建设人才特区

按照“共同规划、共同开发、共同经营、共同管理、共同受益”的原则，支持福建省和平潭综合实验区先行先试，探索建立与台湾接轨的人才资源管理机制和办法，建设两岸学术交流、教育培训、项目对接、创业创新的人才实验区。

（二）支持平潭实验区先行先试特殊人才政策

积极探索，采取有效措施，支持台湾高校毕业生到平潭实验区就业创业；探索扩大台湾地区居民申报评审专业技术资格系列范围；支持台湾人力资源服务机构到实验区设立合资机构，放宽股权比例限制，开展人力资源服务；实施方便台胞就业、生活政策，为台湾人才和闽台人才交流合作提供保障。

（三）支持实施平潭实验区“四个一千”人才工程

继续落实支持海峡西岸经济区建设、推动福建人事人才工作发展的有关政策，在高层次人才培养、博士后工作、留学人员回国工作等方面给予福建和平潭更大的支持力度；根据平潭产业发展需要，支持引进具有国际视野、通晓国际惯例、善于开拓创新的各类人才；继续支持福建和平潭举办两岸人才交流合作活动和海外人才创业创新活动。

Deepening the System and Mechanism Innovation and Promoting the Construction of Pingtan Special Talent Zone

Xin Changxing

Abstract: Special Talent Zone plays an important role in promoting economic development pattern transformation and advocating a scientific development mode. It prioritizes on making breakthroughs in system and mechanism innovation and forging a comparative advantage in attracting talent with regional characteristics. This paper discusses the construction of Pingtan Special Talent Zone and points out four key relationships, namely the relationships between industrial development and talent development, innovation of personnel policy and obedience of laws and regulations, deployment of local talent and recruitment of introduced talent, and hard environment construction and soft environment construction. In the end, the paper discusses the implementation of the General Development Plan for Pingtan Comprehensive Experiment Zone formulated.

Key words: Special Talent Zone, system and mechanism innovation, Pingtan County in Fujian Province, personnel exchange across Taiwan Straits

（编辑：吴 帅）

努力打造创新创业人才成长发展的良好环境

——中关村人才特区建设的实践与思考

宋丰景*

[摘要] 创新创业人才是经济社会发展的重要支撑，是我国跻身于世界创新型国家行列的推动力量。中关村作为我国最具创新特色和活力的区域，聚集了大批创新创业人才，是我国战略性新兴产业的策源地。本文从创新创业人才的内涵出发，阐述了创新创业人才成长发展需要的环境；通过分析世界著名人才聚集区吸引和培育创新创业人才的做法，结合中关村人才特区创新创业人才工作的实践，提出了打造世界一流创新创业人才聚集区的几点思考，力图通过剖析中关村创新创业人才工作的模式和特点，对培育一支充满活力的创新创业人才队伍提供借鉴和参考。

[关键词] 创新创业人才　人才发展环境　人才特区　中关村

2009 年 3 月，国务院批复同意支持中关村建设国家自主创新示范区，要求把中关村建设成为具有全球影响力的科技创新中心。2011 年 3 月，中央组织部等 15 个中央和国家有关部委和北京市联合印发《关于中关村国家自主创新示范区建设人才特区的若干意见》，支持中关村在全国率先建设人才特区，构建世界一流的国际化人才聚集区和全国人才体制机制改革创新实验区。研究中关村创新创业人才工作的模式和特点，对于培育一支充满活力的创新创业人才队伍具有重要意义。

一、创新创业人才及其发展环境概述

（一）创新创业人才的内涵和作用

创新和创业是两个紧密联系又相互区别的概念，创新是创业的源泉和基础，创业在本质上是创新型实践活动，有了科学技术的创新，创业才能实现产业化。

---

* 作者系北京市人力资源和社会保障局副局长，经济学博士。

创新人才是指具有创新意识、创新思维、创新能力、创新人格，善于发现问题、分析问题、解决问题并能够取得创新成果的人才。创业人才是指具有创新精神和创新能力，能够创造性地运用各种知识，积极投入到社会创业实践中去，并能创造经济效益和社会财富的人才。二者均属于创造型人才，有其共同特点，即：以探索未来或求知问题为主要任务；具有人文社会观念和全面能力发展的人格和品质；具有研究型理念和持续创造的活力。另一方面，创新人才和创业人才又具有不同之处，具体而言，创新人才是以学术为取向，向纵深方向发展，以新颖、独创为特征，以科学发现、技术发明为志趣，表现为在某一方面具有他人所不具备的知识或能力的特点；而创业人才则是以实践为取向，向横向发展，综合运用技术并将其产品化、产业化，具有一定开拓精神的实业家。

总之，创新人才和创业人才是辩证的统一体，是增强自主创新能力、推动经济从投资驱动型向创新驱动型发展的重要支撑，是引领和推动新兴产业发展、创造社会财富的重要力量，也是转方式、调结构的重要人才群体。随着科学技术和新兴行业的发展，创新创业人才在加速科技成果向现实生产力转化、提高我国在知识和科技创新方面的核心竞争力等方面发挥着重要作用。

（二）创新创业人才需要的环境

在构建创新创业人才环境过程中，硬环境和软环境相辅相成、相互作用，硬环境是基础，软环境是关键。在某种意义上说，软环境是本源性、决定性的因素。从政府层面来讲，为促进创新创业人才“来得了、稳得住、使得上”，在改善硬环境的同时，要更加注重软环境建设。

1. 产业发展环境

产业对人才资源起着引流、吸纳和利用的作用，产业和人才之间良好的互动关系是新型人才发展战略的核心特征。创新创业人才需要政府发展新兴产业、提升传统产业，以项目吸引人才，以产业集聚人才，构建创新创业平台，促使创新创业人才根据产业布局、区域经济发展需求和自身发展需要流动，并与产业发展相匹配。

2. 政策支持环境

我国正值产业转型升级的关键时期，人才政策也要随之调整。政府应营造充满活力、富有效率的人才制度环境，倡导形成支持创业、崇尚创新的社会氛围，鼓励人才创新创业。要完善有利于科技人才到企业创新创业的政府奖励、分配激励、项目扶持等方面的制度，形成机制新、活力大、成果显著的政策体系。

3. 资本投资环境

舒尔茨在《人力资本投资》中提到，对人力资本进行投资，人口素质能够得到不断提高，并由此提高劳动生产率。在创新创业过程中，尤其在创业初期，政府要发挥好资金的引导和带动作用，强化人才优先投入的意识，实施“智力资源资本化战略”，通过科技金融、“天使投资”等方式为各项创新创业活动提供有力支撑，形成创新创业人才高投入、高产出、高效益、高回报的黄金资本链。

4. 人才集聚环境

高质量团队是创新创业成功的关键因素，特别是在高科技行业，它所要求的知识和能力远超过单个人所拥有的，才华各异的创新创业人才能够相互促进信息和知识的流动与创新，提高驾驭环境不确定性的能力。因此，竞争有序的人才市场机制是创新创业环境的重要组成部分，政府要加强人才载体建设和人力资源市场建设，集聚海内外多层次人才，以聚促才、以才兴业。

5. 学术交流环境

学术交流环境对人才的创新理念以及创新能力的形成和发展具有重要作用。北京生命科学研究所的经验表明：推广建立以科研活动为中心的行政管理体制，① 倡导学术自由，赋予科研人员研究自主权，对于创新创业人才的成长和智慧的发挥具有特殊的激励作用。政府要构建多层次、多系列、品牌化的国际学术科技文化交流平台，鼓励实验，包容失败，形成开放、平等的科研氛围，探索与国际接轨而又符合创新创业人才成长需求的机制。

6. 创业扶持环境

在创业初期，创业人员普遍面临市场、企业经营管理、法律法规等方面的问题，迫切需要政府提供必要的创业辅导，使其成功实现创业。在创业中期，通过专题培训、创业实践基地等途径，帮助创业者系统学习知识与技能，理清创业思路，提高战略思维、全球视野和现代化管理水平，完成从“创业者”向“企业家”的转变。

二、世界著名人才聚集区营造创新创业人才环境的启示

创新创业人才是各个国家和地区竞相争夺的宝贵资源，世界上一些著名的人才聚集区也在以各自的优势营造创新创业人才发展的良好环境，努力吸引全世界优秀人才，其中一些成功的经验做法值得我们学习借鉴。

（一）美国硅谷的创新创业文化

硅谷是世界上最有活力的经济区，是创新和企业家精神的栖息地，集中了两万余家高科技公司。硅谷拥有大量的人才资源，他们具有强烈的创新创业意识，以创业为工作乐趣。受经济危机影响，2008—2009 年，硅谷关闭的企业数量比上年增长了 8%，但新成立的企

① 主要包括公开竞争机制、独立科研机制、注重成果机制和鼓励创造机制。

业数量则增长了48%。① 正是硅谷人这种创新创业精神让硅谷拥有了无限繁衍生息的活力。

硅谷开放、流动、宽松的创新创业文化为创业者打造了一方沃土，使创业者具有了不断创新的自觉意识。硅谷经历了国防工业、集成电路、个人电脑和因特网四个发展阶段，在每个技术产业转型过程中，创业者都曾经历过阵痛、失败和成功。这种创业的过程，成就了硅谷人根深蒂固的创新文化：即一个人的价值在于创造，在于敢于坚持自己的想法，创业容许失败，只有不断实践并在失败中积累经验，才能孕育走向成功的种子。在硅谷，一个有几次失败经验的创业者，反而被各企业争相雇用。硅谷对待失败的宽容气氛，使得人人都跃跃欲试，开创新的企业。同时，硅谷服务型政府的人才管理模式为创业者营造了良好的创新创业氛围，硅谷地方政府不随意插手大学、企业的事务，更不去干涉个人的创新活动，为创业者提供了极大的方便，使其能够全身心地投入到科技创新活动中去。

（二）印度班加罗尔的人才培养计划

印度班加罗尔软件园是印度政府设立的第一个高科技园区，其软件出口额占了印度出口总额的半壁江山，已迅速发展为世界级的信息科技中心，被誉为“印度硅谷”和“软件之都”。

班加罗尔政府在人才培养过程中发挥了战略指导型作用，尤其在人才培养方面给予了足够的重视，制定了有针对性的人才培养计划。班加罗尔是印度高科技人才的重要培养基地，其软件人才远远超过亚洲其他任何一个城市，被称为印度高校王冠的印度理学院、印度管理学院、国家高级研究学院和班加罗尔大学等名校皆坐落于此。这里还汇集了众多印度优秀的技术和管理研究机构，包括70多所工程学院，每年可为社会输送3万名工程技术人才，其中1/3是软件技术专业人才。② 同时，政府大力发展职业教育，建立了成功的产学研结合的人才培养机制，使其成为大学研究机构和企业紧密结合的重要载体。据资料显示，班加罗尔地区拥有超过20万名软件开发人才，这一数字堪与硅谷比肩，这些高素质的专业人才除了部分外来人才以外，大多是由本地完善的教育培训体系培养出来的。

（三）台湾新竹的引进海外留学人才策略

1980年，台湾在台北市西南的新竹县设立了新竹科技园。经过30多年的努力，新竹科技园已蜚声岛外，跻身于世界著名高新科技园区行列，被美国权威杂志评选为全球发展最快的园区。新竹科技园的成功极大地推进了台湾以硬件制造业为主的信息产业的发展。

新竹科技园区走向成功的得意之笔在于对大批海外留学人员的吸引和重用，通过回岛

---

① 吕克斐：《“人才+资本”持续走强——解读〈2011硅谷指数〉人才趋势》，《杭州科技》2011年第4期。

② 胡丽玲：《国外典型信息产业集群发展的成功经验及对我国的启示》，华中师范大学硕士学位论文。

留学生架起了与海外联系的桥梁。新竹工业园为吸引海外留学生制定了大量优惠政策，在给予这些人才优厚待遇的同时，政府投入近800亿元新台币用于科技园的软硬件建设。园区的规划强调社区化、公园化，注重人性化关怀，给园区从业人员提供了舒适的工作生活空间。优良的软硬件环境促使在硅谷创业的先驱者大量归台，在美国留学的工程师超过30%返回台湾。① 由于其大多在国外的教学科研机构受过良好训练，很多人还在大企业从事过高科技的研究和开发工作，具有非常强的研发和管理能力，他们将最新的技术、资本及管理经验带回岛内，带动了台湾高科技产业的迅猛发展。

（四）世界著名人才聚集区营造创新创业人才发展环境的启示

第一，进行文化价值观的培育，为创新创业人才成长营造良好的社会环境。中国的传统价值观念较多的是承认成功，不允许失败。而硅谷文化的重要特色就在于它在特定的高新区域内孕育了创新创业文化价值观，建立起鼓励冒险、宽容失败的社会价值体系。我们要改变思维方式，真正从观念上尊重、鼓励、支持创新创业。

第二，推进产学研用结合，提升人才的创新创业能力。我国高校毕业生的实践与创新能力不足，远不能达到经济社会发展对人才的需求。通过借鉴印度班加罗尔的人才培养计划，我们应建立切实可行的产学研结合机制，组织企业主动联系，有针对性地与知名高校建立合作关系，把高校作为引进培养人才的基地。同时，组织在职人才到重点高校培训和深造，通过项目和课题，把企业与更多的名牌院校联系起来，提升高校毕业生的社会适应度，提升人才的创新创业能力。

第三，注重贴近海外人才需求的细节设计，吸引更多的海外人才回国创业。近年来，我国为吸引海外人才回国制定了很多优惠政策，但由于回国人员对国内情况的陌生和观念上的冲突，来了又离开的也不乏其人。因此，应该借鉴台湾新竹的做法，加强人性化关怀，注重细节设计，采取更加灵活的措施，满足海外创业人才的多样化需求。

三、中关村人才特区营造创新创业人才发展环境的实践

中关村是我国人才智力和科教资源最为密集的地区，与世界著名人才聚集区相比，中关村有许多共性的特征，比如，依托高校及科研院所，集聚了大批科技创新人才，拥有大量高新技术企业（见表1）。据北京市统计局初步核算，2011年中关村实现增加值3062.6亿元，占北京市地区生产总值的19.1%，对北京市经济增长的贡献率达到24%，是北京经济社会发展的重要支柱。

---

① 徐丽梅：《我国引进海外创业人才的实践与思考——基于台湾、深圳、无锡的案例研究》，《科学管理研究》2010年第6期。

表1　中关村人才特区与美国硅谷相关情况比较

指标	中关村人才特区	美国硅谷
从业人员学历	2010年，示范区大学本科及以上学历从业人员57.9万人，占从业人员比重超过50%，其中11%为硕士及以上学历。	2010年，硅谷地区44%的人拥有大学及以上学历，其中19%拥有研究以上学历。
海外人才	2010年，示范区留学归国人员超过1.5万名，累计创办企业6000余家。示范区外籍从业人员达到6929人，比2009年增长4.0%。	硅谷地区35%的人口出生在国外，每年净增的外国移民超过万人。
制度环境及创新创业文化	国务院批复以来，制定了《中关村示范区条例》，制定并落实“1+6”先行先试政策，但相关体制机制还有待完善。鼓励创新创业的文化是中关村发展的强大动力。	硅谷市场经济体制、资本市场、知识产权制度等鼓励创新创业的制度环境良好。硅谷的创新创业文化是其成功的重要要素。
新创办企业	2010年，示范区新创办科技型企业超过3000家。	2008—2009年，硅谷新创办和迁入公司2.75万家，比2007—2008年增长48%；倒闭企业数增长8%。
人均拥有专利	2010年，示范区企业专利授权数8834件，比2009年增长38.9%，其中，发明专利2890件。企业从业人员每千人拥有发明专利（当年授权）为2.5件。	2009年，硅谷专利授权数超过1万件，比上年增长9%。硅谷专利授权数占美国的12%。从业人员每千人拥有专利数（当年授权）7.8件。
国际专利	2010年，示范区企业欧美日专利授权数246个，增长43.9%；欧美日注册商标413个，增长10.7%。中国PCT专利申请量12337件，居全球第四名。其中，北京市PCT专利申请量1271件。示范区企业大唐移动PCT专利申请量97件，在全球PCT专利申请人申请量排名中位列158名。	2010年，美国PCT专利申请量44855件，位居全球第一名。全球PCT专利申请量前50强榜单中，硅谷地区企业惠普以564件、应用材料公司（Applied Materials）以313件入选，分别位列18和33名。

（一）通过特殊区域吸引创业人才

中关村通过独特区域优势，吸引了大量创业人才。中关村核心区有32所高等院校，有206个国家级及省市级科研院所，有占全国总数36%的“两院”院士。经过20多年的发展建设，聚集了以联想、百度为代表的高新技术企业近2万家，形成了以电子信息、生物医药、能源环保、新材料、先进制造、航空航天为代表，以研发和服务为主要形态的高新技术产业集群，构成了一区多园、各具特色的发展格局，成为首都跨行政区的高端产业功能区。中关村示范区创新创业企业表现活跃，近三年每年新创办科技型企业保持在3000家以上，2011年达到近4000家，收入过亿元的企业1550家，上市公司207家。示范区企业、高校及科研院所当年专利申请总计占北京市的40%，万人拥有有效发明专利逐年攀升（见图1）。近几年到中关村创业的海归人才数量快速增长，平均每个工作日有2家海归人才创办的企业注册成立。目前，在中关村创业和从事科学研究的海归人才超过1.5万名，累计创办企业超过6000家，对区域创新发展起到了显著的带动作用（见图2）。

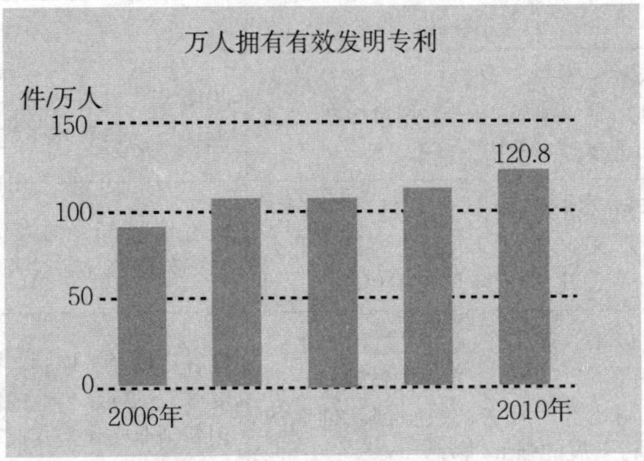

图1 万人拥有有效发明专利

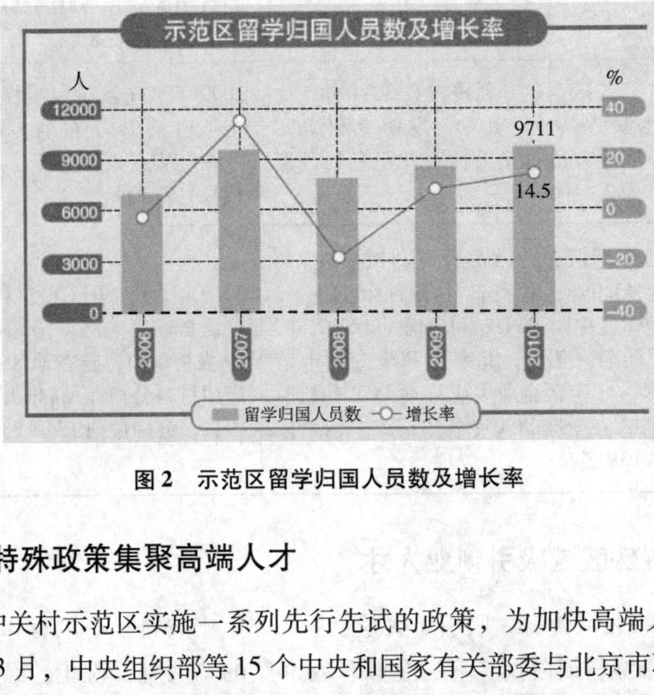

图2 示范区留学归国人员数及增长率

（二）通过特殊政策集聚高端人才

国务院批复中关村示范区实施一系列先行先试的政策，为加快高端人才集聚创造了有利条件。2011年3月，中央组织部等15个中央和国家有关部委与北京市联合印发文件，明确了13项特殊扶持政策。随后北京市制定了人才特区行动计划，配套实施6项重点工程，落实10项具体政策，从人才科技经费使用、进口特需品税收优惠、简化结汇手续、重大项目资金支持以及人才落户、出入境、医疗、家属安置各方面，都实行了特殊的扶持政策。截至2011年底，北京地区共有467名海外高层次人才入选国家“千人计划”，其中80%在中关村示范区；全市有227名海外高层次人才入选北京海外人才聚集工程，其中70%以上在中关村；涌现了李彦宏、邓中翰、冯军等一批创新创业领军人物。2011年中关村拥有大学本科及以上学历的人员58万人，占示范区从业人员的50.04%，其中博士学历1.3万名，硕士学历12.8万名。

（三）通过特殊机制造就人才团队

中关村在创新人才工作体制机制上取得了突破性进展，形成了团队创新创业的新局面。在人才引进方面，开通绿色通道，通过驻外机构、创投机构、企业院校，以及一系列海内外人才引进专项计划，探索建立了一套政府规划与市场机制结合、人才个体与人才团队互动的多元渠道引才模式。在人才培养方面，通过开展博士后创新实践基地建设、高校与企业联合培养等方式，引导尖端创新团队建设。在人才扶持方面，形成了“一个基础、六项机制、十条渠道”① 的投融资体系，根据企业发展特点，提供不同发展阶段的融资解决方案和配套措施，鼓励“天使投资”、风险投资助力企业做强做大（见图3），中关村每年发生的创业投资案例和投资金额占全国的1/3，科技金融试点工作不断深化，信用体系建设覆盖范围扩大，促进了国内外高端创业人才和团队加快聚集，带动了创新创业水平和层次的新发展。

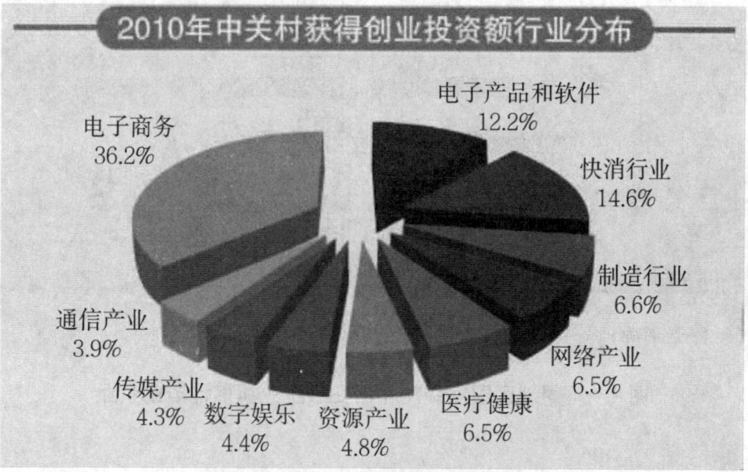

图3　2010 年中关村获得创业投资额行业分布

（四）通过特殊平台扶持人才成长

中关村通过整合中央和北京市的创新资源，围绕重大科技成果转化和产业化项目、先行先试政策落地，采取特事特办、跨层级联合审批的模式，建立了中关村创新服务平台；通过建立高端领军人才评价“直通车”制度，突破传统的职称评审程序，建立了职称评价新平台；通过留学人员创业园建设，推动科技成果转化，搭建了围绕人才“选、引、留、用、评”等环节全方位的产学研用一体化平台；通过不断完善人才政策和创业孵化服务体系，形成了有利于小微企业孵化和成长的创业平台。2011 年底，中关村拥有大学科技园、

① “一个基础”是指以企业信用体系建设为基础。“六项机制”是指：信用激励机制、风险补偿机制、以股权投资为核心的投保贷联动机制、银政企多方合作机制、分阶段连续支持机制、市场选择聚焦重点机制。“十条渠道”包括“天使投资”、创业投资、境内外上市、代办股份转让、担保融资、企业债券和信托计划、并购重组、信用贷款、信用保险和贸易融资、小额贷款。

科技企业孵化器等各类创业孵化服务机构100余家，孵化总面积超过320万平方米，累计入驻企业1.2万家，在孵企业超过7000家，开放实验室突破百家，国家级孵化器的数量和孵化能力位居全国前列（见图4）。在政府引导下，民间自发成立了很多形式多样、以“小、快、灵”著称的创业服务机构，形成了一条成熟企业和成功人士对初创企业和创业人员关于资金、经验、技术、信息、人际关系等资源传输的综合性通道，为新生企业和新兴行业发展提供支持。

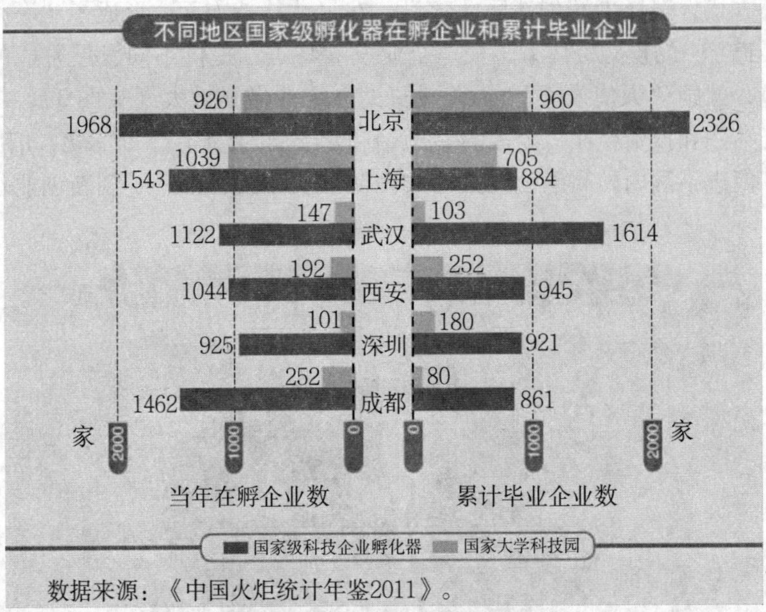

图4　不同地区国家级孵化器在孵企业和累计毕业企业

四、打造世界一流创新创业人才聚集区的几点思考

在新一轮改革发展的背景下，国家赋予中关村人才特区更加宽松的改革权和试验权，政府要明确职能定位，加强对特区建设规律的认识和把握，在人才引进、评价、激励、服务等方面做好与市场机制的有效结合，在人才管理模式上寻求新的突破，在与国际人才管理接轨上探寻新的渠道。

（一）实现政府服务与人才需求的有效对接，营造优越的创新创业环境

高品质的服务环境是吸引人才、留住人才的重要基础，是人才创造事业、成就事业、享受事业的理想场所。人才特区的内在发展机理，决定了辖区政府要致力于为市场主体创造良好环境，具备引导高科技产业发展、为高科技企业服务、为创新创业人才解忧的能力。中关村的实践说明，与其他人才不同，创新创业人才需要的是事业平台，是风险投资，是研发团队，是人力资源服务，是学术交流研讨的平台，是更少的行政干预。政府要尊重创

新创业人才的成长规律，主动改善环境，满足人才需求，营造鼓励成功、宽容失败的文化环境，打造优越的投资环境、宽松的创业环境、顺畅的流动环境，形成支持人才干成事业、帮助人才干好事业的社会环境，最大限度激发创新创造活力。

（二）做好产业布局与人才资源的有效配置，实施以产业为导向的人才集聚战略

同一产业或相关产业的企业汇聚在一起，将带动人才的加快集聚。当人才集聚到一定程度以后，将形成不同层级的人才组合结构，促进区域整体发展。中关村要根据自身的资源禀赋，进行合理的产业发展定位，确定带动性强、关联度大、集聚效应高的主导产业，进而在人才战略、资源配置方面明确主攻方向。当前，要结合首都经济社会发展目标，关注战略性新兴产业的发展方向，着力发展文化创意产业、电子信息产业、生物医药产业和高新技术产业，面向全球集聚具有国际竞争力的相关人才，形成人才和产业的良性互动。

（三）深度激活人才内生机制，形成人尽其才、才尽其用的生动局面

把人才引进来，只是人才战略的一小步，人才引进之后如何发挥作用，是更具挑战性的环节。尤其是从海外引进的人才，在观念上与现有体制一旦有冲突，就会产生“用不好”和“留不住”的问题。相比之下，激活人才内生机制，释放现有人才的创新潜力，比从外部引进人才成本更低、更容易。中关村具有得天独厚的人才优势，发展的重点要放在人才体制改革和机制创新上，充分发挥先行先试的优势，在人才管理体制、教育管理体制改革上大胆探索，在人才激励、人才交流、人才合作、人才开发投融资等机制上积极创新，在人才成长氛围、职业发展环境上努力创造条件，用好用活各类人才，保证各类人才用当其时、人尽其力。

（四）以更加开放的姿态引进国际顶尖人才，营造适宜国际化人才生存和发展的栖息地

国际高端人才是全球稀缺资源，当前各国的竞争非常激烈，都在加大延揽人才的力度。区域大环境和综合实力的提升是吸引和集聚高端人才的强大磁场。与其他一些国际知名大都市相比，北京的人居环境还存在一定差距，海外人才适应中国文化也需要一段时间。因此，中关村要有更开放的国际视野，建设好包括基础设施、教育环境、人才服务和文化氛围在内的人文环境，以此吸引并留住高端顶尖人才。同时，针对企业对国际高端人才的需求，政府要提供帮扶，多方位延伸寻访海外人才的触角，建立与国际人才管理接轨的体制机制，增加国际人口比例，以政策、事业、感情广泛吸引世界高端领军人才前来创新创业。

（五）注重理论创新和指导，发挥先行先试经验的辐射推广作用

设立人才特区、推动人才体制改革，是区域人才开发的重大举措，对于社会经济发展具有重要引领作用。目前，全国各地积极探索人才管理创新模式，建立人才特区、人才“试验区”的积极性空前高涨，反映出各地、各部门思贤若渴，招才引智的现实需求。中关村作为第一个国家级的人才特区，通过先行探索，出台了一系列优惠政策，创新了一系列管理体制和运行机制。在实践中，要加强理论创新和指导，加强对规律的认识和把握，有目的地把实践探索中行之有效的经验及时上升为制度规范，探索出具有示范意义和推广价值的政策体系，发挥人才特区的辐射带动作用。

人才资源是第一资源。随着新一轮首都经济社会发展战略的实施，要高度重视创新创业人才在经济社会发展中的重要作用，充分满足创新创业人才的发展需求，利用中关村人才特区的区位优势、教育优势以及人才聚集优势，从转变政府职能、提升软环境吸引力出发，打造具有全球影响力的人才战略高地，为建设创新型国家聚集更多智力资源。

参考文献

[1] 吴荷平:《浅谈创业人才的培养》，《江苏工业学院学报（社会科学版）》2001年第2期。
[2] 余文华、周凌宇、舒铁、许剑颖:《构建创新创业人才培养的系统化模式浅析》，《四川行政学院学报》2011年第6期。
[3] 苗月霞:《关于建立人才管理改革“实验区”的思考》，《2010年中国人才发展论坛大会交流论文集》，2010年10月。
[4] 王志章:《硅谷创新文化与建设创新型国家人才队伍的思考》，《武汉科技学院学报》2006年第7期。
[5] 李景山、雷金屹:《硅谷人才聚集效应的探析》，《学习与研究》2007年第4期。
[6] 莫蕾钰:《印度班加罗尔的成功要素分析》，《中国高新区》2004年第8期。
[7] 国务院发展研究中心人力资源研究培训中心“中关村人才特区建设研究”课题组:《建设人才特区：中关村的探索和实践》，《中国人才》2011年第11期。
[8] 谭成文、杨开忠:《中关村核心区发展问题剖析》，《经济理论与经济管理》2001年第6期。

Constructing Better Environment for Innovative and Entrepreneurial Talent—On the Case of Zhongguancun Special Talent Zone

Song Fengjing

Abstract: Innovative and entrepreneurial talent is a major force in sustaining social and economic development and the engine for China to become an innovative country. As the most innovative and vigorous region, Zhongguancun has attracted abundant innovative and entrepreneurial talent and becomes the source region of strategic new industries in China. This paper elaborates on the environment needed for innovative and entrepreneurial talent development, and puts forward some thoughts on creating a world - class innovative and entrepreneurial talent zone by analysing the practices of the world - famous zones in attracting and cultivating innovative and entrepreneurial talent as well as the practices of

Zhongguancun in this aspect. The aim of this paper is to provide reference for cultivating a vibrant talent team in China by analysing the pattern and features of Zhongguancun's practices on innovative and entrepreneurial talent work.

Key words: innovative and entrepreneurial talent, environment for talent development, Special Talent Zone, Zhongguancun

（编辑：吴　帅）

"国外人才发展丛书"和人才学学科专著将出版

2010年10月23日，中央政治局委员、中央书记处书记、中央组织部部长李源潮在人才发展理论创新座谈会上指出，要借鉴国外人才发展经验，加强人才学科建设。为贯彻落实李源潮同志重要讲话精神，中国人事科学研究院与党建读物出版社共同策划出版"国外人才发展丛书"，委托中国人才研究会编撰人才学学科专著。

"国外人才发展丛书"坚持为我所用的原则，围绕我国实施人才发展规划纲要的实际需要，选择各国人才发展的政策法规、创新做法和实践经验，在深入分析和研究的基础上，进行原汁原味地编译，为我国人才政策制定者、理论研究者和实践工作者提供系统的参考和借鉴。

"国外人才发展丛书"包括专题、国别和名著三个系列。专题系列以专题为主线，主要包括：国际人才竞争战略、人才培养开发、人才评价发现、人才选拔任用、人才流动配置、人才激励保障、高层次人才开发、高技能人才开发、国际猎头等专题。国别系列以国别为主线，主要包括：美国、日本、德国、英国、法国、加拿大、新加坡、"金砖国家"等国别，系统介绍某个国家或某几个国家在人才发展上的典型政策法规、创新做法和实践经验。名著系列聚焦世界各国人才理论与实践研究方面的经典名著，重点关注体现人才发展一般规律的重要思想、理念和方法。"国外人才发展丛书"计划用三年时间完成。

人才学学科专著包括《宏观人才学十二论》、《微观人才学十论》和《新编人才学通论》三部。《宏观人才学十二论》从国家战略和宏观政策层面阐述人才功能理论、人才要素理论、人才资源理论、人才资本理论、人才发展理论等；《微观人才学十论》围绕人成其才的内容展开论述，内容包括成才理论、育才理论、用才理论、聚才理论等；《新编人才学通论》研究人才要素、人才成长和人才开发的基本理论和实践问题。

人才学学科专著的读者对象是各级党政干部、广大组织人事工作者、企事业单位管理者，兼顾人才学及其相关专业研究人员和研究生。三本专著预计2013年出版发行。

人才管理改革试验区的理论、模式及发展对策研究

——以中关村、无锡和东湖人才特区为例

陈丽君　姚昕辰*

［摘要］　本文基于人才集聚的动因理论和经济地理理论，论证了人才管理改革试验区建设的必要性和可行性，通过对中关村、无锡市及武汉东湖高新区等省市的人才特区模式及政策体系的案例研究，进一步剖析了当前人才管理改革试验区建设存在的可持续性、辐射作用、特区内本土人才与引进人才的均衡性以及人才分类管理等关键问题，并提出相应的对策建议。

［关键词］　人才管理改革试验区　人才特区　中关村　无锡　东湖

人才是第一资源。随着我国人才强国战略的确立，以及《国家中长期人才发展规划纲要（2010—2020 年）》的颁布，各省市积极探索人才强省、人才强市之道，逐步开展人才特区建设，创新人才发展体制机制。当前，市场在人才资源配置中的基础性作用不断增强，国内区域间的人才竞争不断加剧；各地产业经济与当地人才政策体系匹配性缺失，人才集聚效果和人才竞争力不足；“十二五”规划提出的战略性新兴产业的发展与已有产业的转型升级急需高层次人才发挥中坚作用。构建人才管理改革试验区是加强人才集聚、提升人才竞争力、促进产业经济发展的现实需要。经济发展吸引人才集聚，人才集聚推动经济发展，建设人才管理改革试验区非常必要。

一、人才管理改革试验区的理论基础

当前，我国各地探索“人才管理改革试验区”的实践，主要以人才特区建设为主要形式。所谓“人才特区”，是指在特定的区域内实施与国际人才管理体系接轨的人才工作机制，使人才工作的政策保障、体制建设、机制运行、资金投入、环境营造和工作内容、工

---

* 作者陈丽君系浙江大学公共管理学院教授，浙江省人才发展研究院副院长；姚昕辰系浙江大学公共管理学院硕士研究生。

作模式等都比区域外更具优先性和特殊性。[①] 中关村、无锡市等地的人才特区建设，以特殊政策、特别机制和特别环境等核心要素为支撑，为人才的引进、培养和使用提供条件和基础保障，为丰富人才管理改革试验区的内涵提供了概念框架。

（一）人才集聚的动因理论

学者们就人才集聚的影响因素进行了大量的研究，从不同的侧面、不同的时代和地域得出了多种人才集聚动因理论。创造性工作的丰富性（机会的多少），企业家能力生产的可能性（雇主的可模仿性），容易识别知识的消费者（地方观念和雇主识才用才能力），容易识别知识的供应者（经纪人和中介状况）以及未来的提升空间是人才集聚的五大推动力，人才集聚能够培育产业、企业家能力和有利的商业环境，反过来进一步促进人才集聚。Palivos 和 Wang 提出了人才集聚的六大向心力，具体包括知识溢出效应、地方公共物品的供应、内部规模经济、外部规模经济、地方政府政策和工资水平。[②] 国内有学者归纳了中国人才集聚的四大因素，认为资源禀赋是人才集聚形成的初始诱因，人才环境是人才集聚形成的重要诱因，收入因素是人才集聚形成的驱动因素，而人力资本的属性是人才集聚形成与发展的推动力量。[③]

综合上述理论抽取人才集聚的共性因素，构建人才集聚动因模型，见图 1。

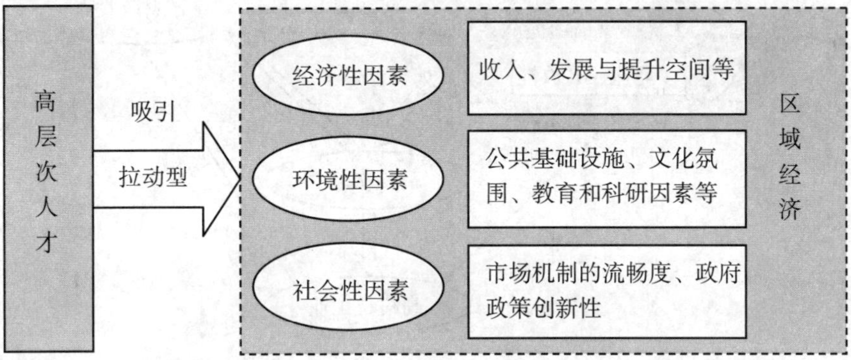

图 1　人才集聚动因模型

以拉动型因素为主导，可以将人才集聚的动因归结为三个方面的因素，即经济性因素，包括收入因素、发展与提升空间因素等；环境性因素，包括公共物品与公共服务供给与保障、良好的文化氛围、教育和科研因素、资金周转与税收优惠等；社会性因素，包括市场机制的流畅度和政府政策创新性等。其中，政府政策的便利性和创新性是核心要素，研究政府政策对人才集聚的影响具有重大意义。人才集聚的动因理论从学理层面诠释了人才集

---

① 赵永贤：《创建“人才特区”　构筑创新人才高地》，《群众》2006 年第 6 期。

② T. Palivos & P. Wang, “Spatial Agglomeration and Endogenous Growth”, *Regional Science & Urban Economics*, 1996, No. 12, pp. 234 – 238.

③ 张樨樨：《中国人才集聚的理论分析与实证研究——基于 IMSA 分析范式》，首都经济贸易大学出版社 2010 年版，第 41—65 页。

聚形成的动力机制，突出了区域经济发展对吸引人才的积极意义，也为人才改革试验区建设的可能性提供了有力论证。

（二）人才的经济地理理论

经济地理是指人类经济活动的地域系统，包括经济活动的要素、区位、空间组合类型和发展过程等内容，其中，人才资本的分布是经济地理的重要因素。传统的观点更多地认为一个地区对人才的吸引力主要在于当地提供的工作、报酬和发展机会等经济收益性因素与人才需求的匹配度。但现在越来越多的研究表明区域通过提供生活舒适度可以大大增强人才集聚效应，① 尤其是吸引受过高等教育、人力资本含量高的人才，生活方式的舒适度已成为他们在现代城市工作的关键影响因素。② 而培育和引进创造性人才是一个地区经济发展的核心驱动因素。③ 新经济增长理论也强调了知识、人才资本和区域经济增长存在紧密关联。区域经济收益与利于创造性和差异性生成的潜在条件有关，人才作为其中最重要的条件对区域财政收入和高科技工业具有显著的正向效应，④ 见图2。

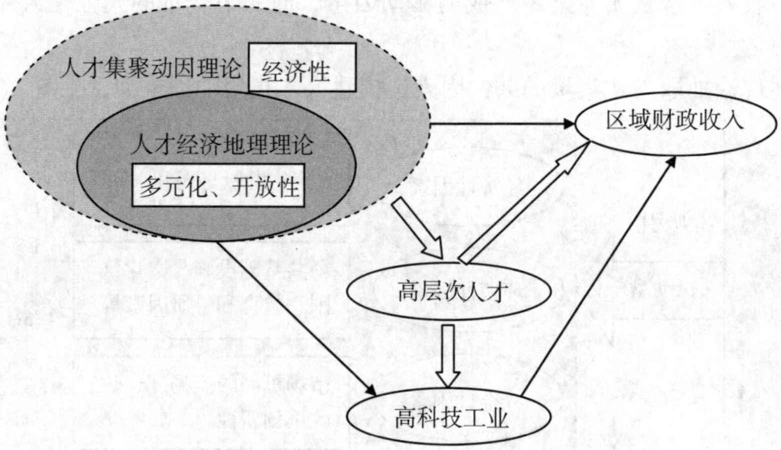

图2　高层次人才对高科技工业和区域财政收入的正效应

人才经济地理理论一方面突出强调了人才集聚动因理论中非经济性因素对人才集聚的影响，包含了人才集聚动因理论的重要内涵；另一方面也从新的视角诠释了人才集聚和区域经济的关系，指出了人才集聚对区域经济发展的重要推动作用。人才经济地理的集聚与

---

① P. D. Gottlieb, "Residential Amenities, Firm Location and Economic Development", *Urban Studies*, 1995, No. 32, pp. 1413 - 1436.

② R. L. loyd & T. N. Clark, "The City as Entertainment Machine in Research in Urban Sociology", *Critical Perspectives on Urban Redevelopment*, 2001, No. 6, pp. 357 - 378.

③ A. E. Anderson, "Creativity and Regional Development", *Papers of the Regional Science Association*, 1985, No. 56, pp. 5 - 20.

④ R. Florida, "The Economic Geography of Talent", *Annals of the Association of American Geographers*, 2002, No. 4, pp. 743 - 755.

地区的多元化或开放性关联（即人才根据地方的舒适度和开放度而非经济实力来选择区域），这意味着“人才跟着工作走”旧理念的可突破性和“工作跟着人才走”新理念的可实现性。

二、我国人才管理改革试验区建设的主要模式：以中关村、无锡市和武汉东湖人才特区为例

人才管理改革试验区建设的先行省市分别采取了适应当地经济发展特征的人才特区建设模式，依托各自资源优势，从不同的理念导向和政策机制出发突出了各自人才特区之“特”。中关村、无锡市和武汉东湖高新区三大人才特区已形成较为完善的人才政策体系，从企业和个人两个层面，从人才引进、培养、资助、奖励等各个环节，都给予了一定的政策机制保障，给人才发展创造了良好环境，在这种政策体系支撑下的人才特区模式具有各自的优势，但也存在一定的问题。

（一）中关村人才特区——“区位优势，知资联合，以产业吸引人才”的科技园模式

中关村是国内建设人才特区最重要的示范基地。在人才政策体系设计上，中关村针对区内企业和人才个体都给予了丰厚的政策待遇，如规定符合条件的人才中介可获得100万元奖励；企业所得税三减三免，对企业产品、技术创新实行奖励扶持；为企业提供科研项目孵化；设立创业风险基金促进科技成果产业化；鼓励企业对作出突出贡献的人才实施期权、技术入股、股权、分红权等各种形式的激励；特殊人才不受进京指标限制；在人才住房、户籍、子女入学、医疗等方面提供特别优惠；为人才建立宽松的商务出入境审批制度等。

中关村占据首都要地，具有明显的地缘优势、一流的基础设施、发达的产业集群、丰富的信息资源和经济资源，有强大的人才集聚效应；众多著名高等院校和科研院所高度集中，拥有强大的智力资本优势，有利于知识溢出；中关村模式能够实现人才与资本的高度契合，为充分发挥智力价值创造条件，极大推动产业发展。但明显的不足是：第一，本土文化具有相对封闭性，人才市场机制不成熟，人才流动性较差，缺乏合作性与开放性；第二，风险投资主要受政策导向影响，缺乏商业性，知识产权保护不力，弱化了人才聚集的激励效应和创新效应；第三，科技园定位高层，政策倾向于吸引聚集高端人才，对一般性人才培养关注欠缺；第四，着眼于高层次人才本身的待遇，对人才随调配偶的安置力度有待提高。

（二）无锡市人才特区——“特别政策，特别环境，以人才带动产业”的城市特区模式

无锡是全国首选创业基地，无锡市人才特区对创业企业给予了有力的政策支持，如：一次性给予100万元的创业启动资金；提供不少于100平方米的工作场所和不少于100平方米的公寓住房；经论证科技项目，给予不低于300万元的风险投资；高新技术产品产业化，

给予不低于300万元的资金担保；以技术成果入股投资的，可按注册资本不少于30%作价入股等。对于个人，规定个人所得税实际税额的30%作为奖励返还；高层经营管理人才5年内轮训一遍；在住房、户籍、子女入学、医疗等方面提供特别优惠等。

无锡市在法律无明令禁止的前提下大胆突破创新现有政策，先行先试，超常规力度满足人才需要，极大增强了人才吸引力；着眼整个城市环境转型，从服务功能、产业载体、生态面貌、社会生活、文化氛围等多个方面入手，全方位打造优质的人才服务软硬环境，大大提升人才工作生活场所的舒适度；以产业为中心培养、引进和使用人才，以人才发展带动产业发展，有力促进了产业转型升级和经济发展。无锡市人才特区模式及政策机制取得了明显成效，但其存在的问题也不容忽视。首先，人才特区以整个城市为范围，在资源配置与有效利用、政策制定与落实上可能存在困难；其次，人才特区环境建设以整个城市全方位转型为目标，大大增加了环境建设成本，将大量资金和资源平均分散在各个领域，使得对当地尤其需要的科技金融服务体系、高等教育和产业载体建设的支持和保障力度不足。

（三）武汉东湖高新区国际人才特区——“依托特色，局部突破，人才与产业相辅共赢”的高新区模式

武汉东湖人才特区建设聚焦于高新区人才政策体系的建构，对高新区设立了“人才特区”建设专项资金，对引进的世界一流创新团队，最高给予1亿元经费资助；对引进的海内外领军人才，给予500万元的扶持资金、500万元的风险投资资金、年利息额50%的银行贷款贴息的资金支持；设立办公用房补贴、购房安家补助、生活津贴等10种专项资金；设立创业风险投资引导资金；对个人准许优先申报“国家友谊奖”、湖北省“编钟奖”和武汉市“黄鹤友谊奖”；对创新团队核心成员、科技领军人才，所缴纳的个人所得税的50%，以奖励的形式补贴创业；大力建设博士后科研工作站；在住房、户籍、子女入学、医疗等方面提供特别优惠等。

武汉东湖人才特区依托特色支柱产业及其配套资本来吸引各类高层次人才，再通过部分高层次人才带动区域新兴产业的崛起和发展，凸显出武汉产业创新能力的强劲优势，为本地创造新的经济增长点，同时有效激发人才特区已有产业的创新活力，实现了人才发展与产业发展的良性循环。另外，人才特区实行局部突破，有利于降低大量基础设施建设和固定资产投资等方面的成本，有利于资源的充分利用。当然这种依托已有特色产业吸引人才的模式对已有产业的吸引力提出了更高的要求，且部分依托已有产业吸引到的人才向新兴产业转移可能存在匹配性和适应性难题。

三、人才管理改革试验区建设的关键问题

人才集聚动因理论和人才经济地理理论为人才管理改革试验区建设的必要性和可行性提供了有力论证，中关村、无锡市和武汉东湖高新区的人才特区建设实践取得了良好的成效。但人才管理改革试验区建设是一项统摄政治、经济、社会等各个方面的系统工程，综观当前我国人才特区建设现状，尚存在一些关键问题值得深入探讨。

（一）人才管理改革试验区的可持续性问题

在可持续发展理论视域下探讨人才特区的可持续性，遵循的核心思想是：人才特区的发展应建立在生态可持续能力的客观制约、社会公正的价值导向、人才与产业良性循环协调发展的基础上。

人才管理改革试验区可持续性的基本原则：一是匹配性，是指人才引进应聚焦在人才特区产业的发展上，即人才与产业的契合；二是公平性，是指人才特区内高层次人才与一般人才、高层次人才内部各类人才之间机会选择的平等性和资源分配的差异性；三是需求性，是指要高度重视各类人才的需求，提供满足人才基本需求的条件；四是“阶跃性”，随着社会的不断发展，区域经济发展战略、产业布局会调整，人才需求的内容和层次会变化，人才管理改革试验区的建设要阶段性地从低层次向高层次跃进；五是开放性，人才管理改革试验区作为一个人才经济活动系统必须具有开放性，与试验区外环境因素进行良性互动，促进系统内外人才资源、信息资源的有效流动，才能保障人才特区的活力和可持续性。

（二）人才管理改革试验区的作用局限问题

人才管理改革试验区的建设具有地理因素的局限性，尤其是在产业集群化、块状经济布局的区域内实施更具困难。要解决人才特区覆盖的局限性，突破地理位置的限制，使人才特区政策惠及区域产业以及聚焦产业的高层次人才，就必须发挥人才特区的辐射作用。人才特区建设初具规模后会形成一个内部自洽的稳定系统，区内与区外的差异性要求特区系统与区外环境之间保持一定的交互性和流动性，需要根据区域经济发展和产业特色探索特定的模式，实现人才特区的辐射效应，不仅带动人才管理改革试验区重点区域的优势产业与传统产业的发展，还要解决区外更大范围内的经济与社会发展中的重大问题，甚至帮助国内后发达地区的经济发展，实现人才贡献率全国分享。

（三）人才管理改革试验区内本土人才与引进人才的均衡性问题

人才特区建设的主要任务就是要引进海外高层次人才，引进人才作为一种新要素进入特区，会打破原有的人才活动状态，涉及财政、就业、住房、教育、医疗等各方面的政策牵动，影响到利益和资源分配格局的调整，这就必然引起特区内本土人才与引进人才之间的均衡性问题。当前存在着地方政府指标导向，企业和科研院所盲目引进海外人才，而引进的人才由于自身水平不足或与环境不相适应而无法真正发挥作用，带来了资金和资源各方面的浪费；特区将所有的精力和资源集中在引进人才上，而忽视了本土人才的挖掘、培养和深造，严重挫伤了本土人才的积极性；引进人才与本土人才存在利益冲突和合作失调现象而无法实现人才资源的有效整合。这一系列为引才而引才的做法不利于实现人才资本的效用最大化。

（四）人才管理改革试验区内人才类型区分问题

对人才的界定和人才类型的区分是建立人才管理机制的要求，是调整优化试验区人才结构的前提，是建设人才管理改革试验区的基础。从历史发展的角度，人才可以分为解决现有问题的、满足当前产业需求的建设型人才和为未来储备的、解决产业长远发展问题的开创型人才。从人才功能作用的角度，可将人才分为以战略性新兴产业崛起和发展为主要任务的创业人才和以传统产业建设和突破为重点目标的创新人才。从人才年龄结构与需求特征关系的角度分，一类是积累学识经验多年、具有相当资历的中高龄人才，另一类是刚学有所成，亟待投入社会实践工作的中青年人才。薪资待遇对这两类人才的吸引力有所区别，优渥的薪资待遇对中青年人才有较强的吸引力，而中高龄人才可能对生活和工作服务体系有更多诉求。基于上述三种人才分类，在人才的引进机制中尤其是激励机制与服务体系的设计上注重各类人才的政策区分是人才政策体系构建的关键问题。

四、解决人才管理改革试验区建设关键问题的对策建议

人才集聚的动因理论指出政府政策的便利性和创新性是人才集聚的核心影响因素，因此，政府在人才管理改革试验区建设中占主导地位，发挥着重要的政策作用。以下基于政府政策制定的角度提出了人才管理改革试验区可持续性、辐射效应、本土人才与引进人才协调以及人才分类管理等问题的解决路径。

（一）保证人才管理改革试验区可持续发展

要解决人才管理改革试验区的可持续性问题，关键是要对人才管理改革试验区可持续性的五项基本原则作出回应。如基于人才特区可持续性的原则，通过开发“特”的模式与“特”的政策体系，实现人才特区可持续发展。

从人才与产业的匹配性看，人才规划要紧跟产业规划，既要依托当地区域内已有特色产业聚集人才，也要通过人才集聚创新传统产业、引进新兴产业，形成人才发展与产业发展相辅共赢的格局。从机会与资源配置的公平性看，既要加大对高层次人才的奖励与资助，也要鼓励一般性人才的成长与发展，人才奖励政策向高层次人才倾斜，人才培养政策向一般性人才集中；加大对高科技中小企业的扶持力度，增强其引进高端人才的吸引力和承担重大项目的实力。从人才需求性看，要制定创业资助与奖励、股权激励、税收、项目招标等与工作相关的政策激励满足人才的工作需求，提供物质基础；也要制定住房、医疗服务、户籍、家属安置等与生活相关的政策激励满足人才的生活需求，关注人才特区舒适度等吸引人才来区工作的非经济性因素。从人才特区发展的适应性，要始终保持对人才特区产业环境的敏锐度，审时度势调整经济发展规划，及时跟进人才政策体系。从人才特区系统的开发性看，要实施人才“引进来”和“走出去”战略并举，加强国际交流，避免人才特区的孤岛效应，发挥人才效能的辐射作用。

（二）充分发挥人才管理改革试验区的辐射作用

“候鸟式”的核心价值在于一个“换”字，通过人才的技术发明、专利项目、科技成果加盟企业并采取柔性流动的形式，让人才按照市场经济的客观气候像“候鸟”一样拥有

换环境、换平台、换政策、换资源的自由。通过“候鸟式”服务体系的构建，在人才管理改革试验区外产业集群地建立人才驿站，使得人才共享和智力辐射成为可能。块状经济集群化产业在引进高层次人才时，以人才驿站为依托挂靠人才特区，享受人才管理改革试验区提供的一切特殊政策，但是人才工作及创业地区依然在产业集群地带，这样可以解决人才管理改革试验区覆盖的局限性，突破地理位置的限制，使人才管理改革试验区作用范围遍及全省，增强高层智力的辐射效应。

（三）坚持本土人才与引进人才均衡发展

本土人才与引进人才的均衡性问题落脚在如何建立一种长效机制确保引进人才的高效性，确保本土人才的成长性，确保本土人才与引进人才协调共进、平衡发展。首先要贯彻“以用为本”的引才理念，引进国内紧缺的全新领域的人才或更高端的切实匹配产业发展的人才；改进和完善人才评价方法，建立国际化的评价标准和评审专家数据库，采用同行评议的方法评审人才和项目；应用现代人才测评技术，建立各类人才评价指标体系，提高人才评价水平，确保引进人才的高效性。其次要重视本土高层次人才的培养，把它放到和引进海外高层次人才同等重要的位置。人才管理改革试验区建设不仅要做好人才引进工作，做大“人才蛋糕”，也要在人才培养和人才使用的环节中下足功夫，做好“人才蛋糕”的保鲜和分配工作，要积极释放本土人才存量，确保本土人才的成长性。最后通过给予引进的海外高层次人才以有力的政治支持，加快海外人才融入国内政治环境，建立信任感；同时在人才使用中建立一种智力资源的整合机制和知识管理体系，实现引进人才与本地人才的优势互补和共同进步。

（四）依据不同人才类别推出针对性相关政策

人才分类尤其是从人才功能作用的角度区分创新人才和创业人才，对人才管理改革试验区政策体系的设计具有重要的现实意义和较强的可操作性。因此，要区别创业人才和创新人才在需求和作用发挥上的共同点及相异点，制定对创业人才和创新人才普适性和独特性相结合的人才政策，才能激发各类人才的活力，创造出人人尽可成才、人人尽展其才的局面。依据试验区人才的创新与创业倾向性，将人才分为“创新人才”、“创业人才”、“两创人才”以及“一般人才”，并实施不同类型的政策。

1. 创新人才政策

针对“高创新人才”的创新人才政策重点在工作、知识产权保护及住房政策上。通过布局创新项目，助推结题项目产业化，积极建设实验室，建立人才驿站，加强创新团队建设，鼓励高校、科研机构人员在人才特区内兼职，实行技术入股等措施保障工作政策；通过推进针对创新人才的知识产权保护，加强知识产权保护与国际接轨，为创新海归人才提供专利检索服务，完善知识产权保护组织机构和管理制度，对受到侵权的创新技术积极主动维权等途径支撑知识产权保护政策；推行住房政策，建设“人才房”，定向租赁给创新人才，政府给予租金补贴。

2. 创业人才政策

针对“高创业人才”的创业人才政策关键在资金支持、税收优惠、金融服务政策上，如给予海归创业人才一次性无偿资助，对于有巨额财富的海外人士，探索并试行资金移民，鼓励资金直接投资创业企业，简化外汇资本金的结汇手续；实行个人所得税、创业企业税收优惠政策；通过建立创业资助、股份投资、融资担保、贷款贴息、知识产权抵押等多元化的融资扶持体系鼓励团队创业，助推创业企业上市与投资便利化，探索股权和分红激励政策，支持科技保险的发展，设立创业投资引导基金，大力集聚天使投资、股权投资机构和创业投资基金管理公司在人才特区发展。

3. “两创人才”共性政策

对于“高创新高创业型人才”，重点关注人才的居留政策、持续培养政策、环境政策及家庭政策。在居留方面，简化落户手续，允许“两创人才”办理多次往返签证；在培养方面，邀请海外知名教授进行指导，加强人才国际交流，实行高校院所与企业人员双向兼职，制定优秀博士和硕士培养政策；在创新创业环境方面，加强行业工业技术研究平台、重点实验室、公共基础设施等硬环境建设和提升政府服务水平、营造创新创业文化氛围、规范市场秩序等软环境建设。在家庭生活方面，关注高层次人才配偶工作安排及其子女教育问题，出台相关保障安置政策。

参考文献

[1] 吕佳:《南通人才特区建设的现状及其障碍因素研究》，《中国集体经济》2008 年第 19 期。

[2] 宋美丽、孙健:《国外人才集聚模式的经验及对我国的启示》，《经济纵横》2010 年第 2 期。

[3] 曾佳妮:《高校“人才特区”建设：以创新为动力》，《中山大学学报论丛》2007 年第 11 期。

[4] 张樨樨:《中国人才集聚的理论分析与实证研究——基于 IMSA 分析范式》，首都经济贸易大学出版社 2010 年版。

[5] 赵永贤:《创建“人才特区” 构筑创新人才高地》，《群众》2006 年第 6 期。

[6]《中共北京市委 北京市人民政府关于建设中关村国家自主创新示范区的若干意见》，http://www.zgc.gov.cn/zcfg10/bjs/55238.htm。

[7]《中关村国家自主创新示范区条例》，http://www.zgc.gov.cn/zcfg10/sfq/68638.htm。

[8]《中关村国家自主创新示范区“十百千工程”工作方案》，http://www.zgc.gov.cn/kjzzcx1/sbqgc2010/sbqgzfa/72783.htm。

[9]《中关村高端领军人才聚集工程实施细则》，http://www.zgc.gov.cn/zcfg10/sfq/58604.htm。

[10]《无锡市关于建设人才特区的意见》，http://www.1000plan.org/qrjh/article/9649?

page = 1。
[11]《无锡市关于引进领军型海外留学归国创业人才计划的实施意见》("530"计划), http://law. baidu. com/pages/chinalawinfo/1693/23/09f766611954e0e0dab11262f6e939e0_ 0. html。
[12]《中共武汉市委　武汉市人民政府关于在武汉东湖新技术开发区建设人才特区的若干意见》, http: //www. wehdz. gov. cn/structure/rctc/cyfw/qyfuzw_ 1962_ 1. htm。
[13]《武汉东湖新技术开发区管委会关于实施 3551 人才计划的暂行办法实施细则》, http: //www. wehdz. gov. cn/jsp/zwgk/browser/content. jsp? id = 6。
[14] R. Florida, "The Economic Geography of Talent", *Annals of the Association of American Geographers*, 2002, No. 4.
[15] T. Palivos & P. Wang, "Spatial Agglomeration and Endogenous Growth", *Regional Science & Urban Economics*, 1996, No. 12.
[16] A. E. Anderson, "Creativity and Regional Development", *Papers of the Regional Science Association*, 1985, No. 56.
[17] P. Desrochers, "Diversity, Human Creativity, and Technological Innovation", *Growth and Change*, 2001, No. 32.
[18] P. D. Gottlieb, "Residential Amenities, Firm Location and Economic Development", *Urban Studies*, 1995, No. 32.
[19] R. L. loyd & T. N. Clark, "The City as Entertainment Machine in Research in Urban Sociology", *Critical Perspectives on Urban Redevelopment*, 2001, No. 6.

A Study on the Theories, Modes and Policies for the Pilot Area of Talent Management Reform—A Case Study on Special Talent Zones of Zhongguancun, Wuxi and Donghu

Chen Lijun, Yao Xinchen

Abstract: This paper illustrates the necessity and feasibility for the construction of pilot areas of talent management reform based on the motivation theory and economic geography theory of talent concentration. It further analyses the sustainability and radiation effect of the Special Talent Zones, the balance between cultivating local talent and introducing talent from elsewhere, and categorized management for talent based on the study of the modes and policy systems of Special Talent Zones such as Zhongguancun, Wuxi and Donghu New and High - tech Development Zone in Wuhan, and finally proposes relevant suggestions for development.

Key words: pilot areas of talent management reform, Zhongguancun, Wuxi, Donghu

(编辑：苗月霞)

我国人才特区发展状况研究*

罗振洲**

[摘要] 本文主要运用文献研究方法，基于公共政策分析视角，以人才管理改革试验区中的人才特区为研究对象，在对人才特区进行概念界定的基础上，分析了当前我国人才特区的特点，梳理了我国人才特区建设发展历程，归纳了当前我国人才特区建设的特点和发展趋势，尝试提出了加强我国人才特区建设的政策建议。

[关键词] 人才特区　发展状况　公共政策分析

2010年《国家中长期人才发展规划纲要（2010—2020年）》提出，要“鼓励地方和行业结合自身实际建立与国际人才管理体系接轨的人才管理改革试验区”。2011年3月16日发布的《中华人民共和国国民经济和社会发展第十二个五年规划纲要》提出，要“改进人才服务和管理方式，落实国家重大人才政策，抓好重大人才工程，推动人才事业全面发展”。为进一步做好人才工作，服务地方发展，全国各地在人才管理改革试验区建设方面进行了积极和有益探索，其中最有代表性的就是人才特区。随着我国经济社会不断发展，人才管理改革试验区的形式与内容等将不断创新，人才作为第一资源的重要作用必将更加凸显。

一、人才特区的概念与特点

（一）人才特区的概念界定

1. 人才的概念界定

按照《国家中长期人才发展规划纲要（2010—2020年）》的定义，所谓人才，是指具有一定的专业知识或专门技能，进行创造性劳动并对社会作出贡献的人，是人力资源中能力和素质较高的劳动者。

---

* 本文为2012年河北省社会科学院重点课题《河北省沿海经济隆起带人才特区建设研究》研究成果，课题编号：2012A10。

** 作者系河北省社会科学院人才研究所助理研究员。

2. 人才特区的概念界定

关于人才特区的定义方面，国内学者樊作礼根据上海“人才高地”建设而首次提出“人才特区”这一概念。2001 年，作为经济特区，深圳在全国第一个提出构建“人才特区”的设想，并进行了积极探索和实践。中国人事科学研究院博士后冼薇认为：“‘人才特区’顾名思义就是人才工作的特殊区域，即在特定的区域内人才工作的政策保障、体制建设、机制运行、资金投入、环境营造和工作内容、工作模式等方面具有相对特殊性、前瞻性和优先性，从而增强对外招贤纳才的吸引力、对内留住人才的凝聚力、人才科技创新创业的活力和竞争力。”①

结合当前我国人才特区发展实际，综合有关专家观点，笔者认为，所谓人才特区，是以生产要素中的劳动力要素作为核心要素，将其他生产要素诸如土地要素、资本要素、企业家才能要素、技术要素和信息要素等进行有机融合，以市场机制为主导，通过政府引导和相关政策支持所形成的特定区域。

（二）人才特区的特点

当前，我国人才特区建设方兴未艾，人才特区呈现出如下几个特点：

1. 生产要素的集合性

无论是早期各地主要围绕高新区等建设的创新创业园区，还是后来的国家海外高层次人才创新创业基地，以及目前各地大力建设的人才特区，都不是简单地就人才说人才，而是将各种生产要素进行有机融合，体现出鲜明的生产要素集合性。

2. 市场机制的主导性

市场机制在生产要素配置中发挥着关键作用。因此，人才特区要建设好、发展好，就需要而且必须以市场为主体、为导向，充分发挥市场机制在要素配置中的主导作用。充分认识和发挥市场这只看不见的手的主导作用，人才特区就会顺利发展。这已经为我国各地实践所一再证明。

3. 各级政府的引导性

人才特区建设和发展同样离不开政府积极有效的引导。纵观我国各地人才特区建设，可以看到，凡是搞得好的人才特区，其背后都有政府积极、主动和有力的参与和引导。政府这只看得见的手应该也必须充分发挥自身职能，以利于人才特区建设更好更快发展。

4. 体制机制的优越性

人才特区既然称之为特区，就必然有别于特区之外区域的独特之处。一般来说，各地

---

① 冼薇：《“人才特区”要素初探及建设构想》，《中国人事报》2010 年 11 月 8 日。

人才特区在对人才的政策保障、资金支持、基础设施、公共服务等各个方面都要优于特区外部。

5. 产业地域的特色性

我国各地人才特区呈现出鲜明的地域特色和产业特色。如北京中关村国家自主创新示范区人才特区作为国家级人才特区，地处国家政治、经济、文化和信息中心，北京又是国际大都市，人才、技术、资金、信息等高度密集，产业主要以新兴经济业态为主。地处长三角地带的无锡人才特区则以光伏产业为特色，相关产业的人才、技术、资金等高度集中，已经形成区域产业特色品牌。地处内蒙古自治区的包头稀土高新区人才特区则主要聚集了与稀土产业相关的众多海内外高层次人才。

6. 地方经济的支撑性

我国各地人才特区的数量多少、规模大小、综合实力、发展速度等与地方经济实力密切相关。从已掌握的资料看，我国人才特区主要集中在东部区域，中部和西部省份人才特区数量偏少，且主要集中在省会等经济较为发达的大城市。

二、我国人才特区建设发展的主要阶段

（一）改革开放后：各地人才特区建设的早期探索阶段

随着我国改革开放的深入和经济社会的快速发展，党和国家对人才工作的重视程度不断提升。全国各地开发区和高新区等如雨后春笋般兴起，并纷纷就招揽人才工作进行探索，结合地方产业特点制定了许多人才优惠政策。2001 年，深圳经济特区在全国第一个提出要建设“人才特区”，并进行了积极探索。深圳的做法也引发了各地效仿。

这一阶段我国人才特区建设仍处于早期探索阶段，其主要特点是以为各地开发区或高新区等吸纳人才为目的，各地政策各有特点、各自为政，政策缺乏系统性、连续性和稳定性。这一时期，我国各地人才特区建设处于分散的点状分布格局。

（二）21 世纪第一个十年：我国着手进行人才特区建设试点阶段

进入 21 世纪后，随着党和政府对人才工作的重视程度不断提高，我国人才特区建设工作不断深化，基于国家战略层面的人才战略规划制定出台，不断创新人才政策。

这一时期我国人才建设已经初步有了国家层面的制度设计，国家着手在全国进行人才特区建设试点，全国人才特区建设呈现出网状分布格局。

这一时期我国最重要的人才特区建设政策创新就是实施海外高层次人才创新创业基地建设（即“千人计划”基地）。这是国家依据特定政策标准，为吸引海外高层次人才而专门设立的创新创业科研基地。主要包括企业、高等院校、科研机构和国家级高新技术开发区等四大类。从 2008 年开始至 2011 年底，海外高层次人才创新创业基地已经评选出三批，其中首批基地 20 个，第二批 47 个，第三批 45 个，共计 112 个。从基地分布的类别看，企

业基地 44 个，占比最大；其次是国家级高新区，有 36 个；科研机构基地 20 个；高等院校基地 12 个。我国现有三批海外高层次人才创新创业基地分类情况参见表 1。

表 1　我国海外高层次人才创新创业基地分类表

类　　别	数　　量	所占比例（%）
企业	44	39.29
高等院校	12	10.71
科研机构	20	17.86
国家级高新区	36	32.14
合计	112	100

资料来源：作者依据有关资料整理。

从现有三批海外高层次人才创新创业基地地域分布看，北京最多（41 个），依次是上海（12 个）、广东（10 个）、江苏（9 个）。以上四省市现有基地数量共计 72 个，占比达到 64.29%。可以看出，东部经济发达省市生产要素聚集度远高于中西部省市，基地建设也走在全国前列。我国海外高层次人才创新创业基地地域分布情况参见表 2。

表 2　我国各省区市海外高层次人才创新创业基地建设情况一览表①

序号	省区市	数量	入选单位
1	黑龙江省（东北）	3	中国第一重型机械集团公司、哈尔滨工业大学、哈尔滨高新技术产业开发区
2	吉林省（东北）	2	中国一汽、吉林大学
3	辽宁省（东北）	4	中科院金属研究所沈阳材料科学国家实验室、鞍山钢铁集团、中国科学院大连化学物理研究所、大连高新技术产业园区
4	北京市（华北）	41	中国移动、神华集团、国家核电、北大分子科学国家实验室、清华工程科学与技术研究中心、中科院物理所、中国农科院、中国医科院、中关村科技园区、中核公司、中石油、中石化、中海油、国家电网、华能集团、中国国电、中国长江三峡集团、中国电信、中电信息、中国铝业、中粮集团、中国建材集团、北京生科所、中钢科技、中国林科院、中科院地质与地球物理研究所、中航科技、中航工业、中国兵工、中国兵装、中国联通、中化集团、中国化工、大唐集团、中国华电、国开投资、中投、北京航空航天大学、中国气象科学研究院、中科院生物物理研究所、北京经开区
5	天津市（华北）	3	天津国际生物医药联合研究院、滨海新区、天津经济开发区
6	河北省（华北）	1	新奥科技发展有限公司

① 为节省篇幅，部分单位名称使用通用的简称，如中国石油天然气集团公司简称为“中石油”。

续表

序号	省区市	数量	入选单位
7	山西省（华北）	0	暂无
8	内蒙古自治区（华北）	1	包头国家稀土高新技术产业开发区
9	陕西省（西北）	3	西安高新区、西安交通大学、杨凌农业高新技术产业示范区
10	甘肃省（西北）	0	暂无
11	宁夏回族自治区（西北）	1	宁夏林业研究所
12	新疆维吾尔自治区（西北）	0	暂无
13	青海省（西北）	0	暂无
14	西藏自治区（西北）	0	暂无
15	重庆市（西南）	1	重庆北部新区
16	四川省（西南）	3	成都高新区、东方电气集团、四川大学
17	贵州省（西南）	0	暂无
18	云南省（西南）	0	暂无
19	广西壮族自治区（西南）	0	暂无
20	上海市（华东）	12	中国商用飞机公司、上海交大船舶与海洋工程国家实验室、中科院上海生命科学研究院、张江高新科技园区、宝钢集团、复旦大学、紫竹科学园区、杨浦知识创新基地、国际汽车城、上海财经大学、陆家嘴金融贸易区、漕河泾新兴技术开发区
21	山东省（华东）	2	海尔集团、济南高新技术产业开发区
22	江苏省（华东）	9	无锡高新技术产业开发区、南京大学、苏州工业园区、无锡尚德太阳能电力有限公司、苏州大学、江宁经济技术开发区、昆山高新技术产业开发区、常州科教城、泰州医药高新技术产业开发区
23	浙江省（华东）	4	浙江大学、杭州高新技术产业开发区、浙江海外高层次人才创新园、宁波国家高新技术产业开发区
24	福建省（华东）	2	厦门火炬高新区、厦门大学
25	河南省（华中）	1	郑州高新技术产业开发区
26	湖北省（华中）	4	东风汽车公司、华中科技大学武汉光电国家实验室、武汉东湖高新技术开发区、武汉钢铁集团公司
27	安徽省（华中）	3	奇瑞汽车股份有限公司、中国科学技术大学微尺度物质科学国家实验室、合肥公共安全技术研究院
28	江西省（华中）	1	南昌国家级高新技术产业开发区
29	湖南省（华中）	1	长沙国家级高新技术产业开发区

续表

序号	省区市	数量	入选单位
30	广东省（华南）	10	深圳华为技术有限公司、中兴通讯股份有限公司、中国科学院深圳先进技术研究院、深圳高新技术产业园区、广州经济技术开发区、中国南方电网有限责任公司、广州汽车集团股份有限公司、中山大学、广州天河科技园和软件园、深圳市前海深港现代服务业合作区
31	海南省（华南）	0	暂无
合　计		112	

资料来源：作者根据中共中央组织部公开资料统计整理，不包括港澳台地区。

（三）2010 年至今：各省区市人才特区成片建设阶段①

当前，以中关村国家级人才特区为代表，我国大多数省、自治区、直辖市正在建设人才特区。当前我国各地人才特区建设呈现出如下几个特点：一是各地人才特区建设不再单单依托开发区进行建设，而是围绕这个区域经济社会发展采取区域建设的模式；二是经济发达省份在建人才特区的规格、数量方面明显优于经济落后地区；三是东部地区人才特区建设优于中部地区，中部又优于西部地区；四是全国部分省、区在人才特区建设方面尚属空白；五是港澳台地区人才特区由于情况特殊，其人才特区建设工作有待进一步探索。

这一时期我国人才特区建设开始大面积铺开，人才特区发展呈现出片状分布格局。我国各省区市在建人才特区情况参见表 3。

表 3　我国各省区市在建人才特区情况

省区市	数量	在建人才特区
北京市	1	中关村国家级人才特区
天津市	1	渤海新区人才特区
河北省	4	环首都人才特区、沿海人才特区、渤海新区人才特区、冀中南人才特区
山西省	0	暂无
内蒙古自治区	1	包头高新区人才特区
黑龙江省	3	哈尔滨高新区（松北科技创新城）人才特区、哈南工业新城人才特区、哈东新城人才特区
吉林省	1	长春人才特区
辽宁省	4	沈阳高新区人才特区、大连高新区人才特区、本溪“中国药都”人才特区、营口渤海科技城人才特区

① 注：这部分所列各地之“人才特区”，均为明确的当地党委、政府“人才特区”建设文件所确定。各地无明确建设“人才特区”文件确定的一律不纳入本部分所列之“人才特区”。

续表

省区市	数量	在建人才特区
陕西省	3	西安国家级人才特区、宝鸡人才特区和渭南高新区人才特区
甘肃省	2	兰州人才特区、金昌人才特区
宁夏回族自治区	2	银川人才特区、白银高新区人才特区
新疆维吾尔自治区	3	乌鲁木齐国家高新区人才特区、喀什经济技术开发区人才特区、伊犁霍尔果斯经济技术开发区人才特区
青海省	0	暂无
西藏自治区	0	暂无
四川省	3	成都高新区人才特区、成都天府新区人才特区、泸州酒业人才优先发展试验区人才特区
重庆市	7	两江新区人才特区、重庆高新区人才特区（已经通过验收正式授牌）、重庆市经济技术开发区人才特区、万州经济技术开发区人才特区、重庆理工大学人才特区、长寿经济技术开发区人才特区、北部新区人才特区
云南省	1	昆明人才特区
贵州省	1	贵阳国家级高新区人才特区
广西壮族自治区	2	南宁人才特区、防城港市东兴试验区人才特区
上海市	1	上海浦东国际人才创新试验区人才特区
山东省	6	齐鲁人才特区、青岛人才特区、东营经济技术开发区人才特区、济宁高新技术产业开发区人才特区、泰山人才特区、烟台高新区人才特区
江苏省	14	南京市创业特区人才特区、南京市江宁开发区人才特区、南京市紫金人才特区、南京栖霞仙林人才特区、无锡国际人才特区、无锡高新区人才特区、南通人才特区、常州国家高新区人才特区、苏州高新区人才特区、江阴人才特区、昆山人才特区、惠山人才特区先导区、泰兴人才特区和泰州中国医药城人才特区
浙江省	6	杭州高新区（滨江）人才特区、杭州未来科技城（浙江海外高层次人才创业园）人才特区、宁波国家高新区人才特区、宁波杭州湾新区人才特区、温州高新技术产业园区人才特区和余姚市人才特区
福建省	3	厦门火炬高新技术产业开发区、厦门两岸人才特区和平潭综合实验区人才特区
河南省	1	郑州高新区人才特区
江西省	2	南昌人才特区、共青城人才特区
安徽省	1	合芜蚌自主创新综合试验区人才特区
湖北省	3	武汉市东湖高新区人才特区、黄石人才特区、黄冈人才特区
湖南省	3	长沙市大河西人才特区、长沙高新区人才特区、长沙经济技术开发区人才特区

续表

省区市	数量	在建人才特区
广东省	2	广州国际人才港人才特区、深圳前海深港现代服务业合作区人才特区
海南省	0	暂无
合　计	81	

资料来源：作者根据各地政府公开文件、官方报道等公开资料收集整理统计，不包括港澳台地区。

三、当前我国人才特区建设的特点与发展趋势

（一）当前我国人才特区建设的特点

1. 人才特区建设政策体系初步确立

中央和地方各级党委、政府高度重视人才特区建设。从国家层面看，先后制定出台了《国家中长期人才发展规划纲要（2010—2020 年）》等一系列政策文件，各省区市也陆续制定了地方中长期人才发展规划纲要。这标志着我国人才工作政策体系基本确立，各地人才特区建设获得了坚实的政策支撑。

2. 各地人才特区建设步入快速发展期

改革开放初期各地尤其是经济特区在引进和使用人才方面所进行的积极探索可以视为我国人才特区建设的第一个阶段，即探索阶段。21 世纪第一个十年里，中共中央组织部作出了各地建设海外高层次人才创新创业基地的重大决定，这标志着我国人才特区建设步入了第二个阶段，即试点阶段。2010 年以后，以《国家中长期人才发展规划纲要（2010—2020 年）》为标志，我国人才特区建设进入第三个阶段，即快速发展阶段。

3. 各地人才特区建设成效显著

从各地人才特区建设的情况看，首先，人才特区建设极大地激发了各层次、各类型人才的活力与创造力，海外人才尤其是高层次人才回流逐年增加，本土人才也迸发出勃勃生机，人才特区集聚效应凸显，成效显著。第二，人才特区建设有力地推动了地方经济社会又好又快发展，成为推动我国经济社会高速发展的重要因素。第三，人才特区建设还为国家和地方产业结构调整作出了积极贡献，更成为我国未来经济社会转型、产业结构调整的强大动力。

（二）我国人才特区建设的发展趋势

1. 国家和地方人才特区建设政策体系逐步完善

随着各地人才特区建设方面所积累的经验越来越多，地方人才特区建设的政策体系也

必将趋于完善。更重要的是，我国作为一个经济大国，未来可能要面向全球进行“世界人才特区”建设。因此，基于国家层面的人才制度顶层设计也将得以出台，我国人才特区建设也将步入可持续发展的良性轨道。

2. 全国各地人才特区建设范围逐步扩大

从最初的在经济特区所作的人才特区探索，到部分高新区进行人才特区建设试点，到各地高新区等纷纷出台人才工作政策措施，再到目前以地方整个区域为核心来建设人才特区，可以看出，我国地方人才特区建设无论从地域还是从领域都呈现出逐步扩大的趋势。

3. 中国将逐步成为世界新兴的人才聚集地

随着我国经济社会发展，中国在世界经济总量占比将越来越大，中国对世界各地人才的吸引力也将越来越强。未来，不仅是海归人才大量回流，更重要的是，来自世界各地的各类人才也将来中国创业发展，中国将逐步成为新兴的“世界人才特区”。

4. 人才特区建设将对我国经济社会发展产生深远影响

人才特区建设不仅关乎人才自身，还涉及政府公共服务能力建设、教育投入、医疗资源、社会保障、户口制度、移民政策、基础设施等方方面面。人才特区建设所产生的“示范效应”和“溢出效应”也必将更加凸显，将会对人才特区以外的区域和地方产生良性影响，也必将对我国经济社会发展产生持久深远影响。

四、加快我国人才特区发展的政策建议

（一）做好国家宏观战略规划，做好人才政策顶层制度设计

人才战略以及人才特区建设最终目的都是要服从和服务于国家宏观发展战略。当前及今后一个相当长的历史阶段，我国仍将处于社会主义初级阶段，经济转型和产业机构调整是党和政府工作的重要内容。为了更好更快地促进我国经济社会发展，必须紧紧围绕国家宏观战略规划来制定国家人才战略和建设人才特区。要做好人才政策和人才特区建设的顶层制度设计，以指导全国和地方人才特区建设，最大限度地发挥人才在我国经济社会发展中的重要作用。

（二）创新人才工作理念、方式和方法，采取综合措施招揽全球精英人才

引进全球高端精英人才对我国经济社会发展至关重要。这部分人才的价值已经得到广泛认可，不宜采用常用的招聘等方式方法来选拔，他们也不习惯参加人才引进工作的申报。要引进这部分人才就必须打破常规，创新理念、方式和方法，一人一议，一事一议。中国科学院计算技术研究所所长、中国工程院院士李国杰研究员指出：“千军易得，一将难求。

真正一流的人才要一个一个地去做工作，是三顾茅庐请回来的，不是填申请表回来求职的。”① 这就提醒各级党委、政府在建设人才特区的过程中必须要主动走出去，以全新的理念、方式和方法招揽全球精英人才为我所用。

（三）加强宏观指导与管理，促进各地人才特区发展

现在全国各地掀起了一股人才特区建设热潮。面对各地高涨的热情，党和国家既要鼓励和扶持，又要加强宏观指导与管理。要避免人才特区建设中出现盲目求快、求大、求多、求全之类的问题，促进我国各地人才特区建设良性发展。对于在人才特区建设中出台的一些政策文件，要建立反馈与完善机制，及时发现问题，不断完善。如一些地方的“千人计划”在执行中就出现了一些问题，如申报条件过于倾向于中老年高端人才，而忽视了对有潜质的青年人才的支持；有的入选者不认真履约；有的“脚踏两只船”，占着名额人却在国外工作；更有甚者，个别入选者甚至把入选“千人计划”当做抬高身价的筹码，造成了不良影响。这些在政策执行过程中出现的问题亟待解决，必须加强监管，不断完善与优化政策措施，以利于各地人才特区建设和发展。

（四）优化政策制度软环境和基础设施硬环境

确保人才特区建设更好更快发展，要努力提升政府公共服务能力和水平，为人才创业兴业提供更优质的公共服务。还要不断优化政策制度软环境，为人才发展提供宽广舞台、宽阔平台和坚实支撑。与此同时，也要抓好基础设施等硬环境建设，最大限度解除人才的后顾之忧。还要努力保持政策的连续性，避免出现政策措施“今年有明年无”的情况，否则将不利于吸引人才和人才发展。

（五）以市场为主体，合理充分发挥政府职能

在人才特区建设过程中，要注意协调好政府和市场的关系问题。人才作为一种生产要素，其最终作用的发挥和价值的实现是通过市场来完成的。因此，就必须坚持政府引导和市场主导的原则，以市场为导向，充分发挥市场的要素配置机能，人尽其才，才尽其用。同时，要合理充分发挥政府职能，以使得各市场要素得以最大限度地发挥作用。

参考文献

[1] 袁方：《社会研究方法教程》，北京大学出版社 1997 年版。

[2]《国家中长期人才发展规划纲要（2010—2020 年）》，中华人民共和国中央人民政府网站，2010 年 6 月 6 日。

[3] 宁骚：《公共政策学》（第二版），高等教育出版社 2011 年版。

[4] 威廉·N. 邓恩：《公共政策导论》，中国人民大学出版社 2011 年版。

[5] 王辉耀主编：《建言中国——海外高层次留学人才看中国》，东方出版社 2010

① 李国杰：《如何建立一流归国人才特区》，科学网，http：//www. sciencenet. cn。

年版。
[6] 王辉耀主编:《人才竞争——海外看中国的人才战略》,东方出版社 2011 年版。
[7] 王通讯:《人才高地建设的理论与途径》,《中国人才》2008 年第 2 期。
[8] 苗月霞:《关于地方建立人才管理改革“试验区”研究——以江苏省无锡市为例》,《中国人才》2011 年第 2 期。
[9] 冼薇:《“人才特区”要素初探及建设构想》,《中国人事报》2010 年 11 月 8 日。
[10] 李国杰:《如何建立一流归国人才特区》,科学网,http://www.sciencenet.cn。
[11] 吴江:《解读人才特区》,金号网,2011 年 1 月 19 日。
[12] 潘希:《部分政协委员认为“千人计划”管理体制须创新》,《科学时报》2011 年 3 月 11 日。
[13] 王佩亨等:《中关村建设人才特区的初步成效及其启示》,《中国组织人事报》2011 年 11 月 9 日。
[14] 张林:《人才特区:转型中国的选择》,《科学时报》2011 年 7 月 20 日。

A Study on the Development of Special Talent Zone in China

Luo Zhenzhou

Abstract: This paper does research on Special Talent Zone (STZ) which is one form of the experimental zone of talent management reform by using literature review methodology and analyzing public policies. It firstly defines STZ and then analyses the features and development of STZs in China as well as their construction, and finally puts forward some suggestions on policies for strengthening the STZ construction in China.

Key words: Special Talent Zone, development, analysis on public policies

(编辑:苗月霞)

促进大学生村官职业发展对策研究*

吴 江 李志更 黄 梅**

[摘要] 从地方探索到成为中央层面的政策安排，大学生村官制度经历了10多年的发展，产生了良好的政策成效，同时也存在一些需要解决的问题。本文以问卷调查为基础，结合实地调研、文献调研、访谈调研，对大学生村官职业发展问题进行了探讨。其中，围绕大学生村官的基本情况、发挥作用的情况等方面梳理了大学生村官的职业发展现状，从职业发展定位、职业发展空间、职业发展能力开发、职业发展动力、职业发展环境等方面分析了大学生村官职业发展面临的问题，从完善岗位管理、优化职业发展保障体系、提升职业发展竞争力、构建职业发展选择平衡格局等方面提出了促进大学生职业发展的主要对策。

[关键词] 大学生村官 职业发展 问题 对策

一、大学生村官职业发展基本状况

建立大学生村官制度，选聘高校毕业生到村任职，是党和国家作出的一项重大战略决策，对于改善农村基层干部队伍结构、培养新农村建设骨干力量和党政干部后备人才，引导人才向农村流动与聚集，推进新形势下农村改革发展，促进城乡一体化发展，夯实党在农村的执政基础具有重大意义。

（一）大学生村官的基本情况

目前，我国在岗的大学生村官已经超过21万人。课题组在全国选取了10个典型县（市、区），对大学生村官职业发展状况进行问卷调查，共回收有效问卷1038份。根据问卷调查结果，大学生村官队伍的基本情况如下：

（1）女性总量大于男性。女性占54.49%，男性占45.51%（见图1）。

---

* 本文是“大学生村官职业发展”课题总报告的一部分。

** 作者吴江系中国人事科学研究院院长，研究员；李志更系中国人事科学研究院电子政务与绩效管理研究室主任，研究员；黄梅系中国人事科学研究院人力资源市场研究室助理研究员。

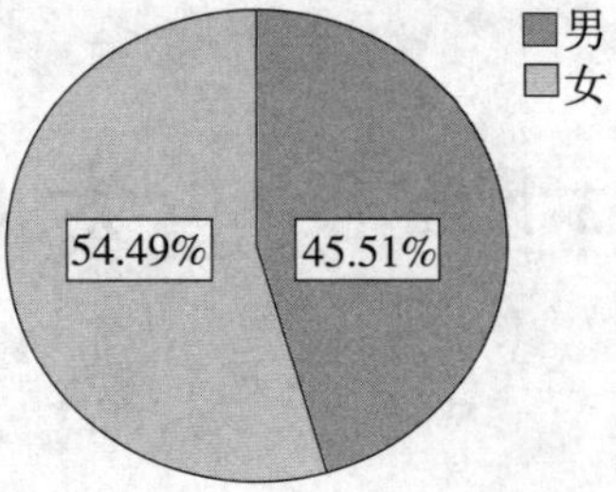

图1　被调查者的性别构成

（2）已婚者占1/3，其中60.54%处于分居状态。根据调查，已婚的大学生村官占33.43%，其中处于分居状态的占60.54%（见图2、图3）。

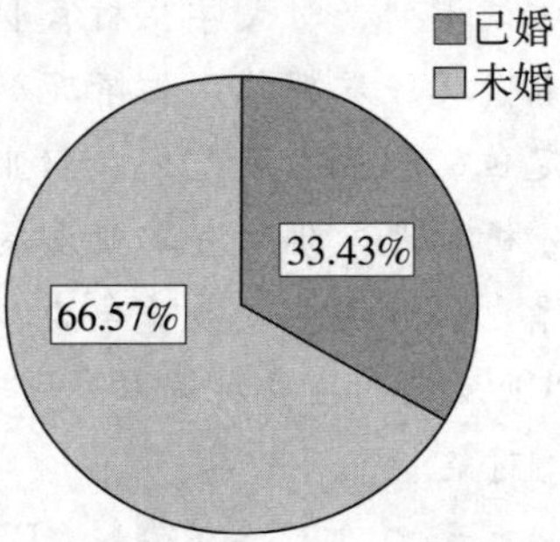

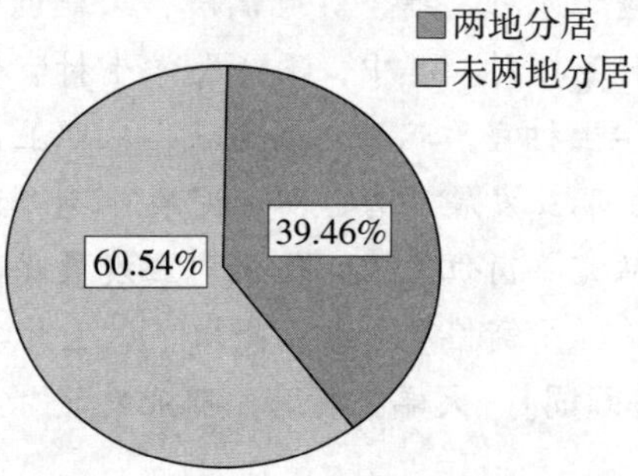

图2　被调查者的婚姻状况　　图3　已婚者中夫妻两地分居状态

（3）平均年龄26.5岁，绝大部分在23—28岁之间。其中，25岁的人员最多，其他，依次是26岁、24岁、27岁、28岁、23岁（见图4）。

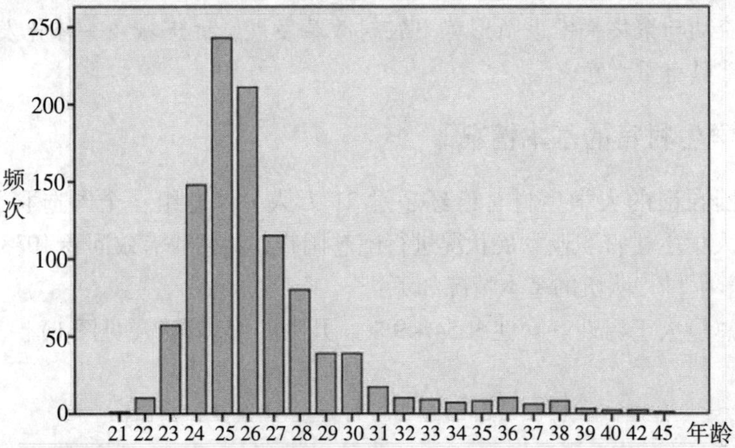

图4　被调查者的年龄分布

（4）本县生源是主体，其中城镇生源占多数。据调查，本县生源占81.28%，外地生源占18.72%。在本县生源中，农村生源占40.74%，城镇生源占59.26%（见图5）。

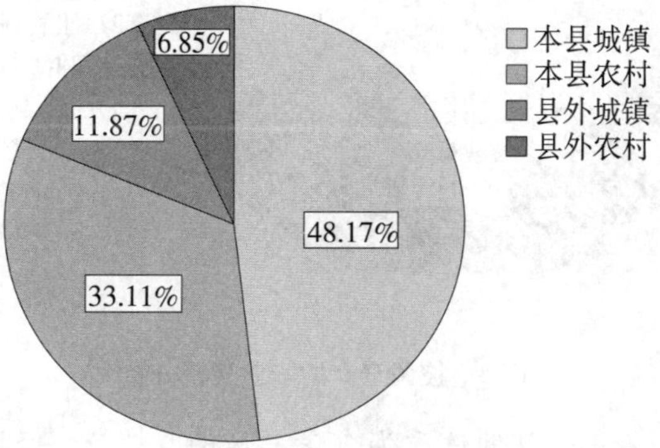

图5　被调查者的来源地分布

（5）中共党员占大多数。中共党员占76.19%；非党员占23.81%（见图6）。

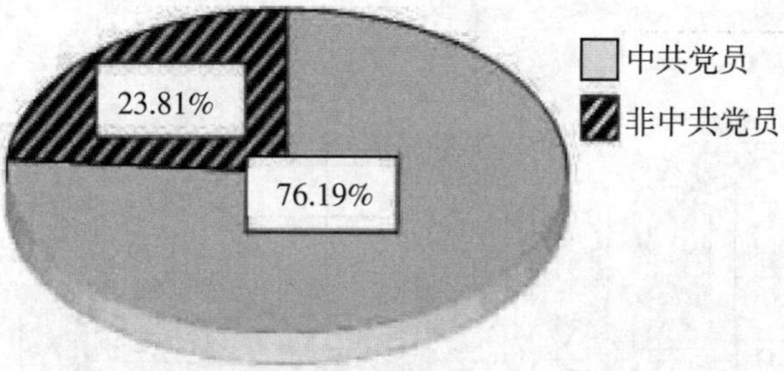

图6　被调查者的政治面貌

（6）具有本科学历者较多。本科占61.72%，大专36.74%，博士和硕士占1.54%（见图7）。

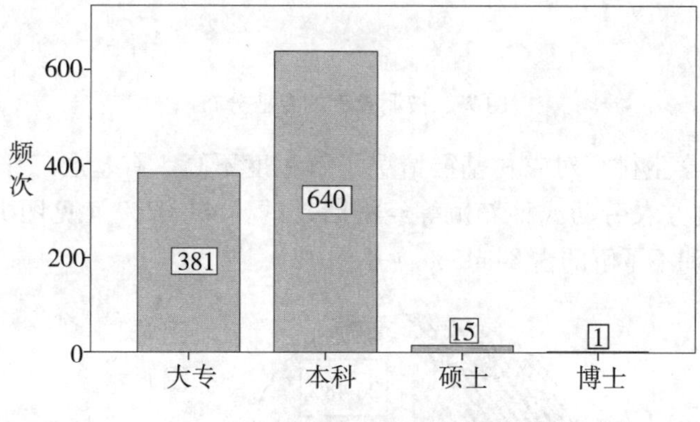

图7　被调查者的学历分布

（7）普通院校毕业生比例较高。毕业于“211工程”院校的占11.75%，毕业于非“211工程”院校的占69.64%，毕业于高职高专的占18.61%（见图8）。

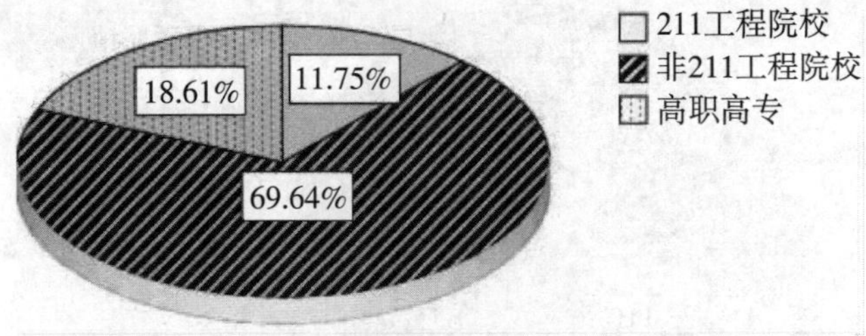

图8　被调查者的毕业院校分布

（8）理学类毕业生最多，其他依次为工学、管理、教育、经济、文学、法学、农林、医学类等（见图9）。

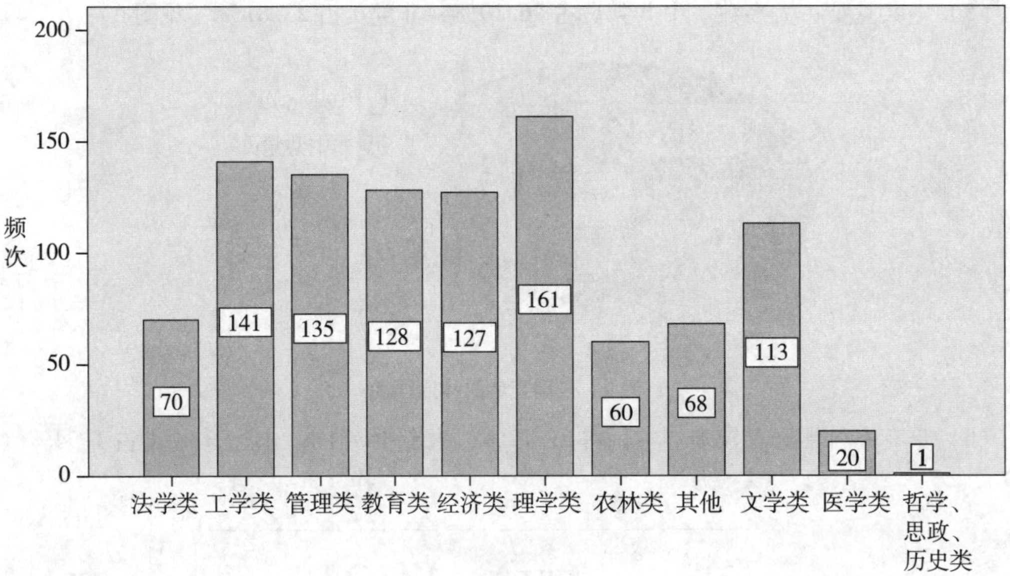

图9　被调查者的专业分布

（9）大多数大学生村官对农村基层情况了解程度不高。有基层工作经历的占26.48%（见图10）。从事过务农劳动或种养殖等经济活动的占43.02%（见图11）。对农村情况、农业政策不太了解和不了解的占84.43%（见图12）。

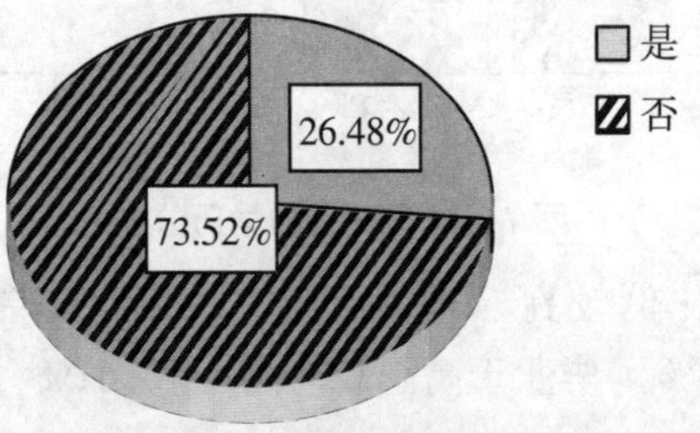

图10　被调查者是否有基层工作经历情况

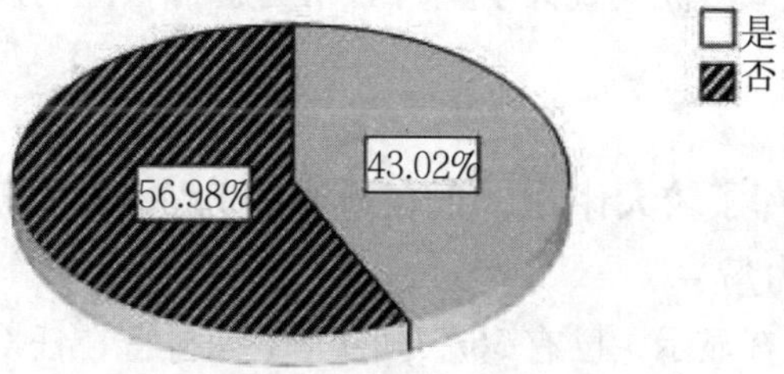

图 11　被调查者是否从事过务农劳动或种养殖等经济活动情况

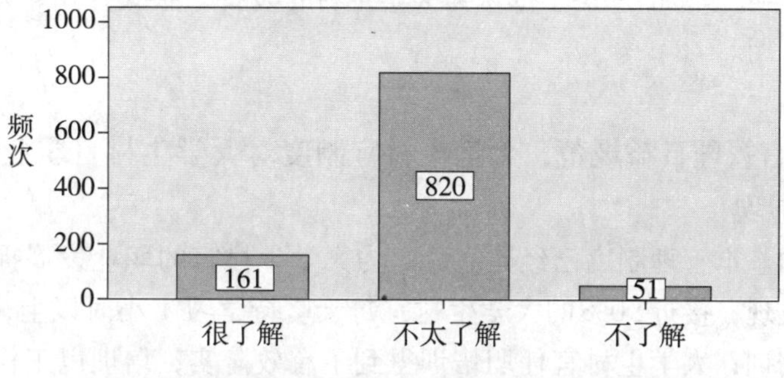

图 12　被调查者对农村情况、农业政策了解程度的情况

（10）月均工资水平在 1000 元至 1500 元之间的占半数（见图 13）。

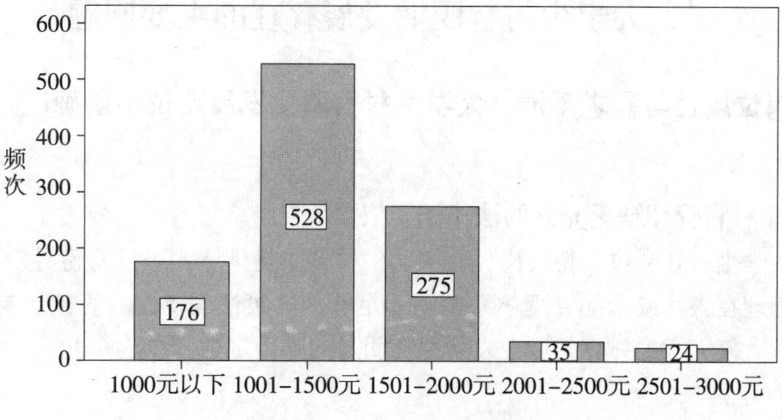

图 13　月均工资待遇水平

（二）大学生村官发挥作用情况

经过几年的实践，大学生村官制度的政策功能已经开始显现。

1. 无论是大学生村官自身，还是基层干部都非常肯定大学生村官制度

调查显示，68. 33% 的被调查的基层干部都非常支持大学生村官制度，23. 04% 比较支

持大学生村官制度；86.4%的被调查大学生村官认为，村官经历对个人能力素质提升的作用“很大”或“较大”。

2. 大学生村官已发挥了较大作用，正在逐步成为农村经济建设、政治建设、文化建设和社会建设的重要力量

大学生村官的问卷调查显示，已有36.3%的大学生村官在任期内进入村“两委”或担任正、副职村干部；90%以上的大学生村官工作任务比较饱满；60%以上的大学生村官能学以致用；32.3%的大学生村官认为自己提出的建议经常被采纳。与此同时，基层村干部的问卷调查显示：45.29%的基层干部认为大学生村官发挥了很大作用，39.6%认为大学生村官发挥了较大作用。

3. 大学生村官管理日益规范，大学生村官制度对大学生村官职业发展能力的开发与培养功能逐步显现

大学生村官的基本管理制度已经建立，这为大学生村官的职业发展提供了基本保障和制度基础。调查发现，接近90%的大学生村官每天坚持学习1小时以上；94.6%的大学生村官参加过岗前培训；大学生村官任职培训得到了有效落实，培训以工作生活环境和角色认知、优化工作方法与提升工作技能为主要内容；大学生村官的主要工作是进行农村基层管理、协助村主要负责人抓文化建设和经济建设、完成村“两委”日常具体事务。

二、大学生村官职业发展存在的主要问题

（一）岗位属性与需求不清，大学生村官职业发展定位不明确

1. 大学生村官管理缺乏充分的法律法规依据

目前，大学生村官岗位为特设岗位，大学生村官缺乏具体明确的身份界定。正因如此，大学生村官管理在人才或干部管理体系中缺乏足够的政策法规支持，直接影响了大学生村官的具体管理，使大学生村官的职业发展存在明显的不确定性和风险性。

2. 缺乏清晰的岗位分类以及基于此的岗位管理规范

根据政策功能定位，大学生村官从事的主要是农村公共管理工作。但在现行政策中，大学生村官岗位缺乏进一步的具体细分，岗位职责、选聘要求相对泛化、笼统，岗位绩效要求也较为模糊。

3. 大学生村官供需匹配机制不健全

一是缺乏自下而上的大学生村官需求调查与确定机制；二是村级组织往往只是被动地接受上级组织选派的大学生村官，自主选择的空间不大；三是缺乏面向招考对象的报考岗

位选择信息，大学生村官岗位选择具有明显的盲目性。调查显示，在岗大学生村官的所学专业与其岗位工作的匹配度不高，且大学生村官配置具有“高行政化”特征。目前大学生村官与基层干部都认为，大学生村官急需进行致富技能和农村实用技术培训（见表1）。

表1　大学生村官最急需的培训内容

序号	题项	大学生村官频次百分比（%）	村干部频次百分比（%）
1	新农村建设的形势和任务	37.5	47.5
2	如何做一名合格大学生村官(角色认知)	24.4	23.4
3	创业致富技能	50.8	52.6
4	农村实用技术	37.4	37.3
5	群众工作方法	33.8	33.9
6	信息技术	8.8	7.5
7	涉农法律法规	22.6	20.4
8	推进农村经济、文化建设的知识	10.8	6.2
9	心理调适	23.7	34.8
10	职业生涯规划	28.0	11.4
11	其他	7.0	0.3

资料来源：课题组问卷调查结果。

（二）受能力和思想认识水平的制约，大学生村官职业发展空间有限

85.9%的受访大学生村官表示，“在任职期间知道工作重点、并能根据工作重点主动制定相应的工作目标和计划”，只有13.8%的人表示，“不知道工作重点，缺乏工作方向”。与此同时，在任职过程中，有44.1%的大学生村官提出的建议很少被采纳，有13.3%的大学生村官提出的建议一直都没有被采纳过。大学生村官工作热情与工作效果之间存在如此差异，主要有三个重要原因。

1. 大学生村官的素质能力尚显不足

大学生村官虽然在拥有专业知识、掌握相关政策方面有特长，做事比较规范有效率、学习创新能力较强，但与村官的岗位需求相比，仍存在明显的素质能力不足，其典型表现一是缺乏工作经验，缺少解决实际问题的方式办法，对农村尤其是所在村了解不深，不善于与村民沟通；二是知识能力构成较为单一，知识复合度和综合管理能力不高（见表2）。

表 2　对大学生村官主要劣势情况的认识

序号	题　项	大学生村官频次的百分比（%）	基层干部频次的百分比（%）
1	缺乏工作经验	79.1	82.3
2	缺乏对农村尤其是所在村的了解	55.4	48.9
3	缺少解决实际问题的办法	72.7	70.1
4	不善于与村民沟通	19.3	14.8
5	其他	4.3	1.8

资料来源：课题组问卷调查结果。

2. 相当一部分大学生村官存在工作边缘化现象

一是在任职初期，大学生村官大都担任的是村党委书记助理、村主任助理，大部分不能参与村务管理。二是在任职中期，虽然有些人兼任了正副团支部书记、正副妇女主任、正副民兵连长、正副治保主任等职，但进入主体决策层的大学生村官凤毛麟角。三是在任期后期，因为面临出路再选择的情况，相当一部分村领导如党支部书记、村委会主任就不再把重要工作交给大学生村官了。四是相当一部分大学生村官"下不去"，调查显示，在做大学生村官期间，到乡镇帮助过工作的占被调查者的76.05%。

3. 对大学生村官政策的认识存在误区

在大学生村官方面，报考动机呈现多样化。调查显示，在选择当大学生村官原因的7个选项中，"热爱农村，希望参与新农村建设"以及"农村潜力大，创业机会多"分列第二和第四位，而"锻炼自己，积累经验"、"暂缓就业压力，为今后进入企事业单位做准备"以及"考公务员能加分"、"先行就业，为考研等进一步学习深造做准备"分列第一、三位、第五、第六位。在村干部方面，对大学生村官发挥作用有顾虑。调查显示，50.92%的村干部对大学生村官最大的担忧是能否扎根农村。相当一部分基层干部认为大学生村官制度是权宜之计。

（三）胜任力构成及其培养体系不明晰，大学生村官职业发展能力提升缺乏明确指引

1. 缺乏具体的胜任力规范

现行政策对大学生村官素质能力要求的相关规定比较粗放、宽泛，缺乏具体分类与细化规定，进而导致大学生村官的选拔与培养缺乏方向引导。

2. 缺乏系统的培养设计

在大学教育层面，没有建立起大学生村官的素质能力需求与高等教育之间的信息传导

机制，缺乏有针对性的培养专业和课程设计。在岗位工作与培训层面，“重使用、轻培养”问题十分突出。没有制度性的培训需求调查，缺乏岗位培训需求与管理主体、培训实施主体之间的信息传导机制；培训内容不全面、不系统，缺乏关于岗位的专业知识、职业发展能力等方面有针对性的专项培训。在培养培训的方式方法层面上，缺乏个性和创新，现代化的培养培训方法运用也明显不足。

（四）薪酬保障制度不完善与工作业绩激励不到位，大学生村官职业选择动力不足

1. 考核的科学性有待提高

一是缺乏符合政策定位、体现大学生村官工作特点的考核内容与指标体系设计。二是缺乏统一尺度的评价标准体系设计。三是缺乏对各类考核主体及其相关行为的强制性约束。

2. 考核具有形式化和不公平倾向

这是考核科学性不足的直接结果，其典型表现是大学生村官的工作绩效难以客观有效衡量，甚至还存在一定程度的不公平现象，干得好的考核结果不一定好。

3. 薪酬保障制度缺乏竞争力

目前，大学生村官的薪酬给付采取多元投入模式，对具体标准有基本规定。但从总体上看，这种薪酬保障制度有两点明显的不足：一是有部分地区大学生村官的薪酬水平达不到政策标准，对此政策约束较为乏力；二是在大学生村官的薪酬保障制度中，缺乏人力资源投入差异体现机制和正常增长机制。

4. 存在“干得好、流动不好”的现象

工作业绩对职业发展的激励与支持作用不突出，与未来职业选择之间缺少相应的路径衔接。比如，相当一部分踏踏实实在村官岗位上工作的大学生，没有时间准备相关考试，在竞争性考试中竞争力不足。

（五）融入阻力较大，职业发展的基本保障条件不够优化

1. 宗族和本土观念影响较大

调查显示，“乡村政治的排外性”是影响大学生村官工作的重要因素，在全部 13 个影响要素选项中列第三位。

2. 大学生村官的工作生活环境需要进一步改善

据调查，目前，“基本办公条件太差”、“婚恋问题难以解决”、“食宿条件难以适应”、

“夫妻两地分居”等都已经成为影响大学生村官工作的重要因素。

3. 大学生村官职业发展的协同管理机制不够完善

其突出表现是大学生村官管理部门的有关政策比较到位，而相关方面的配套政策供应则尚显不足。

4. 基础研究较为薄弱

作为一种新的制度形态，大学生村官的相关研究成果多集中在专项工作的政策调研领域，对其职业发展的系统性、综合性的政策研究和基本理论研究明显不足。

三、促进大学生村官职业发展的对策思考

（一）确立职业发展基础：完善大学生村官岗位管理

1. 明确大学生村官岗位属性

一是设置大学生村官岗位。突破传统村干部岗位设置格局，将大学生村官岗位设置固定化。二是将大学生村官岗位设定为公益性农村公共管理岗位。大学生村官列入社会工作人才队伍，采取事业编制方式控制总体规模，薪酬待遇根据既定标准由政府财政正常支出。三是大学生村官具有不同于一般村干部、事业单位工作人员、公务员的基本特征。由组织依据竞争性考试与考察结果选派，其薪酬由政府财政支出，这是大学生村官区别于一般村干部的典型特点；基本工作职责是协助村干部开展农村公共管理工作，这是大学生村官区别于事业单位工作人员的典型特点；实行聘用制，且具有明确的岗位任期和任职时限，这是大学生村官区别于一般公务员的典型特点。

2. 细化大学生村官岗位类型与职责

将大学生村官岗位细分为社会管理助理、经济管理助理、文化管理助理、村务和党务管理助理等主体岗位。在大学生村官具体选聘时，可有所侧重并兼顾其他。

（1）社会管理助理岗位的主要职责：协助村干部完成社会发展规划与计划制定、社会治安管理、计划生育管理、村民矛盾调处、社会保障与社会救济事务管理、村民自治事务管理、村级社会发展与管理状况调研、相关政策宣传与信息服务等方面的工作。

（2）经济管理助理岗位的主要职责：协助村干部完成经济发展规划与计划制定、产业管理、招商引资、土地管理、经济发展基础设施建设（包括信息化建设）、知识和技术推广、经济普查、村级经济发展与管理状况调研、相关政策宣传与信息服务等方面的工作。

（3）文化管理助理岗位的主要职责：协助村干部完成文化发展规划与计划制定、村民教育培训信息网络设施建设、村民教育、村宣传思想文化体育活动组织、村环境治理和村貌建设、文体活动基础设施建设、村级文化发展与管理状况调研、相关政策宣传与信息服

务等方面的工作。

（4）村务和党务管理助理岗位的主要职责：协助村干部完成制度建设、综合管理与宏观管理、信息资料整理、档案管理、文字材料起草、日常事务管理、村级党团员和党团组织发展状况调查、相关政策宣传与信息服务等方面的工作。

3. 构建大学生村官胜任力模型

大学生村官胜任力包括素质、能力、知识三个维度，其具体因子依据文献研究、专家访谈、优秀大学生村官素质能力调查选取，并经过大学生村官和基层村干部问卷调查的相关数据验证。

（1）大学生村官的基本能力维度主要包括管理服务能力、创新适应能力、领导能力三个要素。其中，管理服务能力主要包括公共服务能力、调研与综合分析能力、基本业务处理能力、理解与执行能力等因子；创新适应能力主要包括学习能力、创新能力、顺应变化能力、心理调试能力等因子；领导能力主要包括政治鉴别能力、沟通协调能力、依法行政能力、密切联系群众能力等因子。

（2）大学生村官的基本素质维度主要包括个性特征、行为态度、领导才能三个要素。其中，个性特征主要包括诚信正直、吃苦耐劳等因子；行为态度主要包括积极主动性、合作意识、服务意识、敬业精神等因子；领导才能主要包括政治观念、法律观念、公正廉洁、全局意识、群众意识、公仆意识等因子。

（3）大学生村官的基本知识维度主要包括通用基础知识、业务技能知识、组织领导知识三个要素。其中，通用基础知识主要包括公共管理知识、政策法规知识等因子；业务技能主要包括新农村建设知识、农业综合知识、公文写作知识、岗位业务知识等因子；组织领导知识主要包括政治理论知识、领导科学知识等因子。

4. 建立大学生村官岗位职责阶梯管理制度

（1）第一阶段：任职第一年。这一时期为大学生村官的职业适应期，其主要任务是开展调查研究，承担村“两委”的相关事务性工作，目的是适应农村环境，熟悉村情民意，把握本村发展环境、特点、态势，了解国家“三农”政策和各种相关政策，掌握村干部工作基本职责、要求、规范、方法、使命，做好角色转变。（2）第二阶段：任职第二年。这一时期的主要任务是协助村“两委”正职或其他村干部完成各项具体业务工作，全面参与村里工作；上一年度考核优秀的大学生村官，通过正常程序，可兼任村干部职务。（3）第三阶段：任职第三年及以后。这一时期，凡年度考核合格的大学生村官，通过正常程序，可参加担任“两委”选举、可领办或合办村级经济实体；已经担任“两委”正职、已经领办或合办了村级经济实体的大学生村官，视为已经实现了正常流动，不再具有大学生村官身份，其人事管理依从现行相关法律法规。

5. 控制大学生村官的岗位规模

每个行政村设置一个大学生村官岗位，大学生村官总量与行政村数量保持一致；经过几年的努力，基本实现一村一名大学生村官，大学生村官总量达到60万左右。此后，村官规模保持大体恒定，每年根据流动状况，通过正常选聘机制补充缺员。

（二）创新职业发展工作管理体制：优化大学生村官职业发展环境

提高大学生村官制度与其他人才发展制度、干部人事制度的协同性，形成制度合力，逐步建立良好的大学生村官职业发展管理工作体制。

1. 完善大学生村官领导体制

构建党委统一领导，组织部门牵头抓总，人力资源和社会保障部门发挥职能作用，各有关部门密切配合，其他各类主体积极参与的大学生村官工作格局。健全组织机构、完善职能与职责配置，建立工作制度，完善大学生村官队伍建设的决策机制、协调机制和监督落实机制，逐步健全统分结合、上下联动、协调高效、整体推进的大学生村官工作运行机制。

2. 加强大学生村官宏观管理

制定并发布大学生村官发展规划，加强大学生村官职业发展的总体谋划和战略管理。建立大学生村官需求调查制度，定期发布大学生村官选聘计划，明确大学生村官年度选聘规模、结构、分布和工作安排。构建大学生村官职业发展监测与统计指标体系，完善大学生村官职业发展监测和统计分析制度，建立大学生村官职业发展预报预警机制。

3. 加强大学生村官协同管理

突破户籍与身份管理等方面的障碍，为大学生村官干事业提供平台。将大学生村官管理纳入人才发展和干部队伍建设轨道，完善大学生村官职业发展政策与人才发展、干部管理政策以及人力资源、就业、社会保障管理政策的衔接机制，确立大学生村官在公务员考录、事业单位管理人员公开招聘、选调生等特殊人才选拔、大学生就业创业中的优先支持地位。

4. 完善大学生村官服务保障体系和制度体系

一是依托现行电子政务工作平台和人力资源市场服务平台，建立并完善大学生村官供需配置平台、大学生村官职业发展数据库和管理信息系统。二是设立大学生村官职业发展专项经费，在保证现有经费支出的基础上，从人才发展资金和就业经费中划拨部分费用，加大大学生村官职业发展投入。三是加强大学生村官研究工作，探索大学生村官职业发展规律。四是出台促进大学生村官职业发展指导意见及相关配套政策，逐步完善大学生村官管理制度体系。

5. 营造大学生村官融入氛围

一是加强城乡一体化建设宣传和大学生村官政策宣传，逐步淡化村民宗族与本土观念。

二是加大优秀大学生村官宣传力度，强化大学生村官在建设新农村、城乡一体化发展中的引领作用。三是引导村民和大学生村官认识人才流动与人才成长规律，促进村民与大学生村官接受城乡人才环流的发展态势。

（三）创新职业发展工作机制：提升大学生村官职业发展竞争力

1. 完善大学生村官选拔机制

一是完善统一定期选聘制度。坚持公开、平等、竞争、择优的原则，每年在全国统一开展一次大学生村官选聘。二是坚持高素质取向。以应届或毕业两年（包括两年）以内、具有大学本科及以上学历的党员大学生或担任过学生干部的大学生为选聘对象，其中，凡是符合条件的各类志愿者可自主参加大学生村官选聘。三是细化选聘公告内容。一方面，进一步完善发布公告、个人报名、资格审查、考试考察、体检、公示等基本程序。另一方面，以选聘计划为基础，在考试前发布选聘公告，全面公布选聘岗位、选聘要求与条件，减少大学生村官应聘盲目性。三是完善大学生村官选聘考试制度。逐步完善自主报名、考试（笔试、面试）选拔、组织考察相结合的大学生村官选聘模式；不断完善基于岗位需求的考试内容体系，开发笔试、面试题库；笔试由省（区、市）组织部门、人力资源和社会保障、团委、民政等部门统一组织实施，面试由县级组织、人力资源和社会保障、团委、民政等部门组织实施。

2. 完善大学生村官岗位聘用机制

一是明确聘期。大学生村官实行全员聘用制，一个聘期 3 年，可连聘两期。二是强化岗位责任制。在县级组织、人力资源和社会保障部门与大学生村官签订聘用合同的基础上，大学生村官与所在村的村支书或村委会主任签订年度岗位责任书。在聘期内，凡兼任其他村干部职务、但仍享受大学生村官待遇的大学生村官，其聘用合同依然有效；已经担任村“两委”正职或已经担任专职村干部、已经成为村办经济实体的经营管理者并享受现职待遇的大学生村官，视为实现了正常“流动”，聘用合同或岗位责任书自动终止。三是实行大学生村官试用期制度。将大学生村官上岗的前 6 个月，作为“试用期”，结束时由县组织、人力资源和社会保障、团委等部门组织试用期考核；考核重点是考察大学生村官的角色转化和岗位适应情况；试用期考核不合格者，本人可选择主动离职或另行择业。

3. 完善大学生村官职业发展能力开发机制

一是建立大学生村官校园培养体系。将村干部培养纳入高等教育体系。在人力资源开发专业领域，可考虑设置乡村人力资源开发专业方向，开发村级管理人员培养课程；在公共管理和社会管理专业领域，可考虑设置基层管理和村（社区）管理专业方向，开发村级公共管理课程。

二是健全大学生村官岗位培训体系。将大学生村官岗位培训纳入干部培训体系，主要分为岗前培训、任职培训、职业发展培训三种类型。岗前培训主要是使大学生村官了解其工作基本环境与共性要求，重点关注其工作和生活环境认知、角色定位认知、通用工作方法训练，提高其适应村级公共管理工作的能力；培训内容主要包括地区经济社会发展基本情况、农村基层公共管理基础知识、村干部基本行为规范和基本工作方法等；岗前培训可采取县级组织、人力资源和社会保障部门集中统一组织的方式。任职培训主要是使大学生村官掌握其做好本职工作的素质与能力，重点关注其岗位工作要求与方法；培训内容主要包括具体业务工作的现状与发展、相关政策法规以及做好本职工作所需的专业知识和技能；任职培训可采取县级组织、人力资源和社会保障部门统一培训与灵活性自主学习相结合方式。职业发展培训主要是使大学生村官掌握实现职业转换应具备的素质与能力，重点关注其任职期满后再就业和创业领域的业务素质与能力；培训内容主要是大学生村官主体流动领域工作的基本要求与方法；职业发展培训可采取县级组织、人力资源和社会保障部门统一培训与灵活性自主学习相结合方式。与此同时，根据各类培训需求，开发相关培训课程体系、教材体系，建立培训师资队伍。

三是完善大学生村官培训管理。完善大学生村官培训需求调查机制。以充分使用和促进职业发展为目的，定期开展大学生村官培训需求调查，把握大学生村官、村干部、村官管理部门对大学生村官的培训需求。完善大学生村官培训评估机制。评估的核心指向是培训对大学生村官作用发挥和职业发展的影响力，重点关注培训规范、培训能力、培训效果等方面的内容。完善大学生村官培训体系更新机制。根据培训需求与培训评估结果及时调整培训内容、方式方法、师资构成。

四是强化大学生村官培训有效性。关于培训内容，强化“新农村发展形势、创业方法、农业技术、群众工作方法、角色认知、自我调试”等方面的培训。关于培训方式方法，强调实用性与效率性。以各级党校、行政院校、团校、干部培训基地为主渠道，以高等院校和其他培训机构为辅助力量；注重实践教育，建立并落实大学生村官导师制，由村“两委”正职干部和乡镇干部作为大学生村官的导师，其中，村干部侧重熟悉工作环境与具体工作方法方面的指导，乡镇干部侧重思想引导和总体工作思路等方面的指导；建立大学生村官教育培训基地，组织大学生村官定期进行实践考察；充分利用现代信息技术，建立网络学院，开设网络课堂。

4. 完善大学生村官考核机制

一是以岗位职责和具体工作任务为基本依据，建立以工作表现和工作业绩为重点，包括德、能、勤、绩、廉五个维度的大学生村官考核指标体系。二是将村“两委”、村民作为重要的考核主体，加大其评价的权重。三是考核结果与大学生村官流动挂钩，强化大学生村官建功立业的内在驱动力。四是加强平时考核。建立大学生村官工作手册，推行大学生村官工作日志制度和月度、季度工作检查制度。

5. 完善大学生村官薪酬激励机制

优化大学生村官第一个聘期的薪酬保障决定机制。参考乡镇新录用公务员试用期满后的工资水平、乡镇事业单位新聘用人员试用期满后的工资水平、本地区大学毕业生的试用期满后的平均工资水平，确定大学生村官的第一个聘期的薪酬保障基准，根据事业单位社会福利保障的项目与水平，完善大学生村官社会福利保障体系。建立第二聘期大学生村官薪酬决定机制。根据乡镇新录用公务员试用期满后第三年的工资水平、乡镇事业单位新聘用人员试用期满后第三年的工资水平、本地区大学毕业生就业后第三年的平均工资水平，确定第二个聘期内大学生村官的薪酬基准，根据事业单位社会福利保障的项目与水平，建立第二个聘期内大学生村官的社会福利保障体系。建立大学生村官薪酬保障水平与其受教育程度挂钩机制，努力实现大学生的人力资本投入正常回报。建立大学生村官薪酬保障正常增长机制，努力体现大学生村官薪酬保障水平的年功特征。建立优秀大学生村官表彰制度。设立杰出大学生村官称号，每年在考核优秀的大学生村官中选拔一定数量的先进典型进行重点表彰，表彰情况与大学生村官流动挂钩。

（四）强化职业转换激励：构建大学生村官职业发展选择平衡格局

实现大学生村官定期全员流动，保持大学生村官制度持续性、有效性与科学性的关键措施之一，就是强化职业转换激励。其实质是建立大学生村官职业发展机会与职业发展投入之间的有效平衡，保持大学生村官制度的高素质人才竞争能力与聚集能力。

1. 加大参加公务员考录的激励力度

首先，放宽服务基层人员的报考专业限制，使任职期满、考核优秀或合格的大学生村官具有参加录用考试的资格。其次，保障大学生村官在面向基层服务项目人员定向公开招录公务员中的优先地位。根据现行政策，各省区市每年公务员考录计划的10%—15%，要面向大学生村官等服务基层项目的人员定向考录。根据其工作职责和相关政策功能定位，大学生村官及其他服务基层项目中担任村干部的人员应成为定向招录的优先关注群体和主体招录群体。再次，取消报考专业限制，保障任职期满、考核优秀或合格的大学生村官及其他服务基层项目中担任村干部的人员在面向村干部招录公务员的竞争考试、乡镇干部公开选拔或选举中具有优先录用地位。最后，保障大学生村官及其他服务基层项目中担任村干部的人员在选调生考试中具有优先录用地位。

2. 加大参加事业单位公开招聘的激励力度

一是参照公务员定向招录的方式，单列针对任职期满、考核优秀或合格的大学生村官等服务基层人员的公开招聘计划。二是确定大学生村官等服务基层项目人员在事业单位人员正常公招中的优先地位。凡是任职期满，考核优秀或合格的大学生村官等服务基层人员参加公招，具有优先聘用资格。三是对两个聘期期满后当选村干部的大学生村官在进行职业转换时，一直从事相关业务工作、考核等次为合格以上并获得特殊奖励或具有相关职业资格的大学生村官可采取面试方式，确定聘用资格。

3. 加大进入企业的激励力度

一是鼓励和支持国有大型企业或其他大型企业吸纳任职期满的优秀大学生村官。二是加大支持力量，将任期已满仍没有实现流动的大学生村官纳入政府就业扶持体系，为其提供专业化和个性化的就业服务，必要时，可结合就业扶持政策或突破现行制度，给录用大学生村官的中小型企业给予必要的政策投入。

4. 加大报考研究生的激励力度

一是在继续执行大学生村官报考研究生初试成绩可加 10 分的政策规定之外，在一些相关高校增设农业经济和农业发展等与“三农”有关的专业硕士学位，定向招录大学生村官。二是建立大学生村官读研资格保留制度。对已经获得或已经考取研究生的大学生，有志于担任大学生村官并已经通过了大学生村官考试的，可保留读研资格，在其担任大学生村官两年或第一个聘期期满后再注册研究生学籍。

5. 加大自主创业的激励力度

在政府创业资金中单列大学生村官创业基金，用于大学生村官创业场所建设和创业活动支持。完善小额贷款政策，明确贷款适用范围，适当提高贷款额额度，建立和完善政府担保制度和贴息保障制度。为大学生村官在任期间和创业期间提供专项创业指导和创业服务。

6. 加大担任村级领导干部的激励力度

对任期内或任职期已满后，被选为村“两委”正职的大学生村官，给予一个任期的收入补贴，使其薪酬待遇达到副科级公务员的水平。如其实际收入水平高于副科级公务员薪酬水平，则从其较高水平。

7. 给予自谋出路人员一定的经济补偿

凡是任职期满、考核合格的大学生村官，如选择自谋出路，国家可按一定比例给予经济补偿。

参考文献

[1] 胡跃高、唐运新：《大学生村官实用手册》，中国农业出版社 2011 年版。
[2] 练月琴、晏维龙：《大学生村官理论与实践探索》，南京大学出版社 2011 年版。
[3] 王有年、王孝东：《大学生村官培训教程》，化学工业出版社 2009 年版。
[4] 中国村社发展促进会：《中国大学生“村官”发展报告》，中国农业出版社 2009 年版。
[5] 郭淑敏：《北京大学生村官调查》，中央民族大学出版社 2009 年版。
[6] 章尚贞、张志坚：《论大学生“村官”计划的可持续发展》，《金华职业技术学院学报》2010 年第 12 期。
[7] 张冯婧、岳红印：《新形势下大学生村官素质及其培训模式研究》，《中国集体经

济》2010 年第 10 期。
[8] 尹希果、陈彪：《基于胜任素质模型的大学生村官素质特征研究》，《理论与改革》2010 年第 6 期。

The Situation and Countermeasures on Promoting Career Development of University Student Village Officials

Wu Jiang, Li Zhigeng, Huang Mei

Abstract: University student village officials system has produced a good effectiveness since the policy issued 10 years before, and also has faced with some issues to be addressed. Based on questionnaire, the career development issues on university student village officials are discussed in this dissertation by adopting such methods as field research, literature research and interviews, and in which, the career development status quo of university student village officials including their basic situation and role to play is combed, the problems of career development faced by them are analyzed from such angles as career development orientation, career development space, career development capacity development, career development motivation and career development environment, the countermeasures to promote their career development are proposed by focusing on improving job management, optimizing security system of career development, enhancing career development competitiveness, building a balance pattern between career development and career selection, etc.

Key words: university student village officials, career development, problems, countermeasures

（编辑：吴　帅）

从莫石理论看中国公务员队伍的专业化发展与管理的趋势*

蓝志勇　胡　威**

［摘要］　在现代化建设和发展的过程中，公务员队伍的专业化是一个必然的趋势，也会对专业化的管理和协调带来新的挑战。本文通过研究美国著名学者莫石对美国建国初期至20世纪70年代公务员发展轨迹的描述和中国本身的管理实践的经验，推论出中国公务员队伍的专业化发展的必然趋势和时间的紧迫性。通过对中国公务员队伍发展阶段的梳理，作者认为，中国的公务员队伍的发展，必然要进入到专业化的阶段。应该及早未雨绸缪，进行精心的制度设计，避免西方国家专业化以后出现的问题。因为，专业化管理的成功与否，是国家管理科学化、国家继续发展和进步以及社会管理效率不断提高的可持续发展动力和基础。

［关键词］　公务员　专业化　职业化　人力资源

一、引　　言

在国家发展和管理的活动中，公务员的能力素质有举足轻重的作用，这一能力素质包括价值取向、思想水平和专业化能力。历史上，中国曾发明了举世瞩目的科举制度，广纳天下贤才，充实国家管理队伍举措。这一举措，也很早被西方国家注意，演化成了他们的公务员制度。①

在英国大不列颠博物馆的中国馆，有这样一段描述："中国人创立了世界上唯一的一个历史最长和最有持续力的文明……尽管这个国家巨大，也不断被周期性的社会动乱或外部侵略所打断，但她的统治者们总是在寻求建立一种单一、强大、统一的国家，依靠的力量就是教育有成的精英人士。"这段话，从一个第三者的角度说明，有良好教育素质的官员对于国家治理的重要性。

---

* 本文为国家自然科学基金"公共与非营利组织创新研究"（项目编号：70973133）和北京学习型组织发展研究中心研究项目的阶段性成果；本成果得到国家"985工程优势学科创新平台项目"专项经费的资助。

** 作者蓝志勇系中国人民大学公共管理学院教授、博士生导师、副院长，胡威系中国人民大学公共管理学院讲师。

① Richard A. Chapman, *English Advanced Civil Servants*, London: Constable & Company, 1970.

在经历了一个多世纪的探索、革命、浴血奋战和改革创新的努力之后，中国人民终于解决了温饱，达到了小康，开始第二次工业革命，走上了技术化、科学化和市场化的现代社会的发展道路。现代科学和现代社会的发展，使得社会分工更加精细和复杂，对科学技术和专业化知识的要求也越来越高，建设环境的改变，无疑对其国家管理制度及其运行这一管理制度的官员提了更高的要求，也自然会对公务员队伍的专业化能力有更高的要求。① 本文通过研究美国著名公共管理学者莫石（Frederick C. Mosher）对美国建国初期至20世纪70年代公务员发展轨迹的描述，以及中国本身的管理实践的经验，来推导中国公务员队伍的专业化发展的必然趋势，并提出根据发达国家的经验，未雨绸缪，提早研究，科学设计中国公务员队伍的专业化管理体系，以确保国家的可持续发展和不断进步。

二、公务员制度在美国的发展过程

莫石在《民主与行政官僚》一书中对美国公务员的发展阶段进行了描述。莫石认为：（1）政府的决策和行为对我们的社会、经济、政策的性质和发展具有重大影响。（2）政府的大量决策和行动取决于行政官员，或者受行政官员所影响。（3）这些行政官员的决策或者采取的行动取决于他们的能力、倾向和价值观。（4）这些因素又受制于他们的背景、所受的培训和教育，以及当前的结社情况。② 因此，“在专业化、技术化和社会复杂化日益增长的情况下”，如何建立公务员队伍，“使具有高度异质性的公务员能够服务于公共利益”③，是非常重要的课题。

虽然独立战争后，美国政府管理的大部分体制沿用英国，但美国独特的地理位置和自然状况，使其确立了其独特的政体风格，并且作为这种演变的结果，产生了一套在20世纪中期世界上独一无二的人事系统。这一人事系统中的专业管理人员的问题，值得研究者的高度重视。莫石回顾了美国公务员队伍的发展历史，将其演进过程划分为6个关键阶段（如表1所示），这每一个时期，应时代变化自然形成，各自有各自的特点。

表1　美国公务员发展阶段

年　代	演进过程发展阶段
1789—1829	绅士治理（卫士）时期 （Government by the Gentlemen）
1829—1883	普通人治理“政党分肥”时期 （Government by the Common Man）

---

① 参见蓝志勇、胡威：《谈人力资源管理工作中公务员的专业化问题》，《中国行政管理》2008年第6期。蓝志勇、刘洋：《建设“学习型组织”　推动“组织学习”与制度创新》，《学海》2012年第3期。

② Frederick C. Mosher, *Democracy and the Public Service*, New York: Oxford University Press, 1971, p. 1.

③ Frederick C. Mosher, *Democracy and the Public Service*, New York: Oxford University Press, 1971, p. 3.

续表

年　代	演进过程发展阶段
1883—1906	好人治理（改革）时期 (Government by the Good)
1906—1937	效率治理（科学管理）时期 (Government by the Efficient)
1937—1955	行政人治理（管理）时期 (Government by the Administrators)
1955 至今	专业人治理（管理经营）时期 (Government by the Professional)

资料来源：根据莫石著作整理而成，参见 Frederick C. Mosher，*Democracy and the Public Service*，New York：Oxford University Press，1971。

（一）绅士治理（卫士）时期

这一时期注重公职人员的家庭背景、教育水平和高职位的工作经历；高层公务员有很高的社会地位，公共事务办公室有高度的道德标准，执政党的变化决定高级公务员的轮替，标志性事件是华盛顿就职。

独立前的美国，尽管商业和制造业开始逐步发展，但主导产业仍旧是农业。贵族、中产阶级、穷人和奴隶之间的鸿沟是非常巨大的。有钱、有地位，或者二者兼而有之的人完善了美国早期上层阶级的宪政体制。尽管对于选举权的限制不断放开，但这些人还是在很大程度上控制了殖民地以及后来的州和国家的立法、行政职位和政府政策。“华盛顿以及他的继任者们花了很大力气来确保任命政府机构中主要办公机构人员时，要保证高水平的胜任素质。华盛顿自己就坚持只有‘对职位非常匹配’才能够进入他对公共机关的提名中，而对其他条件不予考虑”，①但“合适的性格在当时而言意味着良好的家庭背景、受过教育，有一定的地位、自尊以及对新政府忠诚。这一标准使得华盛顿政府时期的官员都是当时社会的精英人物。这种任命方式和标准自建国开始持续了一段时间，直到 1829 年的时候，政府中被任命的高级官员大都很富有，拥有数量可观的土地，受教育的程度比普通民众要高很多”②。他们受到尊重，社会影响力强。

（二）普通人治理（政党分肥）时期

这一时期的标志性事件是平民总统杰克逊就职。杰克逊的选举通常被认为是美国社会和其政府方向的转折点。他认为公职任用是党派对参与党务服务的一种回报，在对党派忠

① Frederick C. Mosher，*Democracy and the Public Service*，New York：Oxford University Press，1971，p. 57.

② 于永达、占伟萍编著：《美国政府人力资源》，清华大学出版社 2011 年版，第 9 页。

诚的基础上提供在公共部门就业的平等机会。这些策略大大降低了公务员队伍在群众中的形象和公务员对自己工作职业的自豪感。

在杰克逊总统的首次就职演说中，他简要地提到了公务员改革的重要性。为了避免权力滥用以及因此引起的不正当任用以及将权力交予不适合的人，他承诺，“保证选择那些具有才华以确保他们高尚的工作和崇高的合作”，即具备才能和政治忠诚度的人。几个月后，在他给国民的第一封年度报告中，他提出了一份更合理化的细化的轮岗方案和包括消除功绩考核的委任方式。他反对长期任职的作用，反对权力占有的观念，反对将办公室视为财产。这背后恰恰体现的价值原则是：“所有公共部门的职责是，或者说至少应当承认的是，如此的简洁易懂使得所有有智商的人都能够胜任。”①

与平等主义观念和普通人治理一脉相承的便是官员任用上的“政党分肥制”（Spoils System）。正如杰克逊总统所说，“现有官员对职位并无天生的垄断权，在竞选中出过力的人应具有获取政府职位的机会。这种职位轮换的概念迎合了支持他的平民选民们的心理，在当时被认为是一种改革措施而受到热情支持，为政党分肥制提供了思想和政治的理论基础。”②

在这种任用制度下，执政党领袖以政府官职作为酬劳，分配给在竞选中出力的本党党员和个人亲信，导致了当时的行政管理与政治有着千丝万缕的联系。“政党分肥制的好处是杰克逊和他的继任者们削弱了旧有贵族的影响力，并将公务员的大门向普通老百姓敞开。新的任用条件也使得行政管理在人民中更具代表性，并且要比之前我们所称的‘看不见的政府’所做的决策更加行之有效。”③有效地将政府权力从一个群体（贵族）转移到了另一个群体（政客）手中；因此可以说，相较于18世纪，19世纪的公共管理要更加负责，更能够回应人民的呼声。但“政党分肥制”也带来了许多消极的后果：“引起了19世纪行政变革的动乱；管理队伍的高度政治化导致人民对政府不信任；行政人员与立法者在委任上矛盾不断，导致了1868年唯一的一次总统弹劾；找工作的人对总统不切实际的幻想——以及对州政府和地方政府——尤其是在接下来的选举中，以刺杀总统而告终；州、国家、城市（大部分政府机关所在地）政治机器的发展；各级政府分支机构中律政官一统天下趋势的发展。”④ 正是由于“政党分肥制”导致的结构化的贪污腐败、周期性的政治震荡以及缺乏能力的官员，也种下了与杰克逊倡导的不同的公务员改革的种子。

（三）好人治理（改革）时期

标志性事件是公务员改革法案的通过。这一时期强调改革，改革是一种道德诉求，择

① Frederick C. Mosher, *Democracy and the Public Service*, New York: Oxford University Press, 1971, pp. 61 - 62.

② 于永达、占伟萍编著：《美国政府人力资源》，清华大学出版社2011年版，第10页。

③ Frederick C. Mosher, *Democracy and the Public Service*, New York: Oxford University Press, 1971, p. 63.

④ Frederick C. Mosher, *Democracy and the Public Service*, New York: Oxford University Press, 1971, p. 63.

优录取靠的是有竞争力的考试，选拔程序公开透明，对象包含各阶层人士，强调政治中立，管理上政治与行政两分，由半独立、合作精神优良、非党派的公务员局管理公共服务。

“由于美国政府没有一种制度化与法律化的官员选任体制，无论是华盛顿总统所倡导的政府官员应该是‘有道德的和有能力’的治国理念，还是杰克逊总统所要求的官员对政党‘忠诚’，都没有能够真正约束官员的行为。相反，在‘政党分肥制’下，当政治家把官职作为‘肥缺’分发给许多政府官员的时候，政治腐败几乎淹没了官员的人格。”①因此，对公务员的改革势在必行。

以1883年的彭德尔顿法案为标志的公务员制度改革，毫无疑问代表了美国在面对公务员选任制度实践与思想的彻底转型，并且对后世的意义十分深远。“公务员改革的原动力并不是来源于想要打破社会阶级的垄断或是将公务员的权力从一个阶级转移到另一个阶级”，② 改革吸收了杰克逊总统时期公共服务中生而平等和机遇平等的原则，寻求另外一种人事管理的准则，即能够确保公民参与政府机关时准入的广泛性。同时，也要相对隔离政治对行政管理的直接影响。事实上，对于“政党分肥制”的抗议几乎从它一出现就开始了，随着政治经济各方面的发展，民众对公务员的改革呼声越来越多。以威尔逊、古德诺等为代表的“政治行政二分”思想对公务员改革的方向奠定了理论基础，也确立了美国公务员制度的一大原则——“政治中立”。正如威尔逊指出的，“对之前说过的行政管理的边界问题进行一点补充。最重要的是我们的公务员改革的真相已经被反复观察和认定了；也就是说，行政应当在政治的适当边界之外。行政问题并不是政治问题。尽管政治给行政设定任务，但它并不应操纵其运行。”这一点，公共行政的去政治化本质，成为了最被强调和铭记的主题：政策是人民选举产生的代表所决定的——立法者、主要长官和他们任命的官员和审计助手；行政管理是一个胜任的持续的行政组织对这一政策的中立执行结果。③

彭德尔顿法案还提出了公务员的分类管理及公务员制度的另一个重要原则——考试录用，即用引进公开竞争考试和实行“功绩制”原则等办法，减少政府腐败滋生的土壤，进而提升官员的道德素质和专业能力。

与英国将公务员划分为一系列的纵向等级不同，美国的公务员分类打破了英国模式中含蓄表达出的封闭性的职业生涯系统，建立了一个开放的系统。法案中加入了对于“性格适应性”的考试要求，因为考试只有当职位被分析、描述并与其绩效要求的知识和能力相关联的时候才能真正具有操作性。因此，《彭德尔顿法》的颁布，使美国在历史上“第一

---

① 石庆环：《行为约束体系与美国文官的职业道德》，《辽宁大学学报（哲学社会科学版）》2008年第4期。

② Frederick C. Mosher, *Democracy and the Public Service*, New York: Oxford University Press, 1971, p. 64.

③ Frederick C. Mosher, *Democracy and the Public Service*, New York: Oxford University Press, 1971, pp. 67 – 68.

次确立了以‘能力与功绩’作为录用与衡量官员标准的法律依据”①。这一规定的一个附带影响就是奠定了几十年后细化的职位分类的基础。

公务员制度改革削弱了党派对公务员的控制，越来越多的专家和科技人员代替了党务人员进入公务员队伍，适应了高度复杂化和组织化的工业社会对系统化与科学化管理的历史要求，提升了公务员的专业化程度和政府的工作效率。

（四）效率治理（科学管理）时期

标志性事件是纽约市政府研究局的成立。这一时期是前面行政改革的继续。效率优先，强调科学管理，政府与企业管理不分，在工作上分工，在人事上进行职位分类，按职位而非人付酬和定级，即所谓多劳多得。专业化迅速发展，职业生涯与发展的概念开始出现。“以弗雷德里克·泰勒为中心人物的科学管理学派和科学管理理论在人类管理史上具有里程碑式的意义。它主要致力于效率主义的传播。”②

由于这一时期联邦政府对“经济”与“效率”的重视，因此，“时代对政府改革提出的总要求，一方面是使官僚在政治上‘中立化’，另一方面是使联邦职业官僚在技术上专业化和职业化”③。

公务员系统在这一世纪的前半段为技术和专业化的发展提供了兼容的基础。它对于职位的资历要求，以及尽可能地消除人事决策中对于个性和个人信仰的考虑所强调的客观性，是与科学管理的特质不谋而合的。进一步说，组织上的分离和公务员行政管理的半独立为人事领域资深科学技术的发展提供了激励。并且政策与行政分离的信条为政治上中立的公务员提供了支持，也同样使更加专业化、技术上胜任的行政管理合理化。④

（五）行政人治理（管理）时期

这一时期的标志性事件是布朗洛的总统咨询报告。行政管理作为一种可研究、可通过教育传承的学科出现了，被认为是一种不论专业，能够进行跨学科管理的专门职业生涯，行政首长的权力通过科层结构的安排集中起来，配备行政助理人员，重申管理活动中政治与行政两分的重要性，新一类公务员的出现，他们注重公共政策研究和执行，但不注重政党立场，强调公务员的种族和阶级代表性。

思想上从对效率的强调（泰勒）转变到对行政管理的重视（布朗洛），是从1937年开始的。这种转变的最大动力便是20世纪30年代的大萧条，“政府意识到必须在处理社会和

① Lloyd W. Warner, Paul P. Van Riper and Norman H. Martin, *the American Federal Executive: A Study of the Social and Personal Characteristics of Civilian and Military Leaders of the United States Federal Government*, New Haven: Yale University Press, 1963, p. 259.

② 方振邦主编：《管理学基础》，中国人民大学出版社2008年版，第44页。

③ Robert Maranto, *Politics and Bureaucracy in the Modern Presidency: Careerists and Appointees in the Reagan Administration*, Connecticut: Greenwood Press, 1993, pp. 23 – 24.

④ Frederick C. Mosher, *Democracy and the Public Service*, New York: Oxford University Press, 1971, pp. 70 – 71.

经济事务中扮演更加积极的角色。……随着新政的到来，政府不再仅仅是一个例行公事的仆人或是消极的被动反应的人员。它自身变成一个项目和变革的发起者甚至是唯一的发起者。并且这种角色在第二次世界大战的时候得到了进一步的加强。"①

新政实际上代表了政府价值理念的转变，即从自由放任主义到政府大规模干预经济的转变。这种新的行政思想和观念，是以强调联邦政府是"管理者的政府"意识为特征。"在这种情境下，比效率更重要的是对于公共目的的追求。这些目的是政治性的，因此，公务员除了必须具备知识能力，还要具备政治敏感性。因此，也存在一个关于公务员的新的维度。"②

新政法案在国会通过以后，随之而来的就是政策的实施，新政能否顺利执行，在很大程度上取决于行政部门的管理。但是旧的行政机构对新政却抱着怀疑和"敌意"的态度。③于是，在公务员管理上，罗斯福打破《彭德尔顿法》以来的"政治中立"及"功绩制"原则，转而通过"政治庇护制"招募那些赞同他的政策和计划的人，招募那些认为"自由竞争的、崇尚个人主义的和主张自由放任主义经济的政府不应该再起作用，只有政府和企业合作，才能扭转美国经济的人"。④使行政部门特别是行政部门中的"政治文官"以多种方式直接参与立法和政策的制定，自主地执行联邦政府的政策，导致美国文官政治化倾向的加强，同时，也形成了比选举和委任更能代表民意的强力的官僚体制——"代表制官僚"。

这一时期的"政治庇护制"与早期的"政党分肥制"并不一样。罗斯福在实行"政治庇护制"时，除了注重文官对新政思想和政策的拥护外，更注重文官的能力和水平，这主要是出于贯彻新政的需要。从新政内容看，包括工业、农业、贸易、金融、债券、保险和法律等各个方面，需要行政官员具备一定的专业知识，譬如《工业复兴法》法规，涉及矿务、机器、化学、纺织、娱乐、粮食等八大方面，共几百种行业，如果文官不具备知识化和专业化的素质和能力，就很难完成任务。⑤

这时期在公务员管理机构上也发生了变化，面对官僚规模急剧扩大和人数迅速膨胀而带来的职业文官管理混乱的现象，1949 年，根据胡佛委员会的改革建议，美国把文官事务委员会主管考试的权力下放到行政部门和各机关。而文官事务委员会则成为拟定人事法规与指导原则、进行监督的人事机关。⑥

---

① Frederick C. Mosher, *Democracy and the Public Service*, New York: Oxford University Press, 1971, p. 79.

② Frederick C. Mosher, *Democracy and the Public Service*, New York: Oxford University Press, 1971, pp. 79 – 80.

③ Loouis W. Koenig, *Official Makers of Policy*: *Congress and the President*, Chicago: Scott. Foresman and Company, 1965, p. 112.

④ David A. Schultz. et al., *The Politics of Civil Service Reform*, New York: Peter Lang Publishing, Inc., 1998, p. 106.

⑤ 国洪梅：《罗斯福新政时期美国文官政治化倾向的加强》，《史学集刊》2004 年第 3 期。

⑥ The Hoover Commission Report, *On Organization of the Executive Branch of the Government*, New York: MacGraw – Hill Book Company, Inc., 1949, pp. 6 – 7.

（六）专业化时期

标志性事件是第二个胡佛报告。这一时期，在人们认为政府是社会变革的推动者的基础上，强调专业精英的重要作用，政府是最重要的专业化雇主，政府在专业化的发展和应用中扮演了重要角色，专业化逐渐成为美国社会的主导。

莫石认为这一时期是“有史以来变化最快的时期”。对他来说，“公务员群体的特征最显著的便是专业化”①。莫石对专业的定义是：（1）有合理清晰的工作界限；（2）一般需要至少学士学位以上的高等教育水平；（3）为其成员提供终身的职业规划。② 而专业化指的是“一种需要长时间训练和学习做基础、可以终身从事的职业，或工作领域”，即“将专业的工作能力变成一种职业，或是一种职业必须以专业知识为基础”。③

莫石认为，专业化逐渐成为美国社会的主导，而政府在专业化的发展和应用中扮演了重要角色，是最主要的专业化雇主。根据1960年的人口普查，有36%的“专业化的、技术的、同质的”工人受雇于政府，当然这没有包括众多的科学家、工程师和其他通过政府合同、津贴或授权等间接雇用的人员。另一方面，大约1/3的政府雇员正致力于专业化的、技术的追求。这种比例比私人部门的3倍还要多。……专业和政府之间的相互依赖很多。政府是或者已经是：许多专业的创造者、许多已经合法化标准的立法者、垄断和制定保护标准的保护者、它们研究和所依靠科学的主要拥护者、是它们教育的资助者、它们的主要雇用者、它们的知识和技能的主要利用者。④

与通过商议、选择、选举、妥协等这些业余方式来处理问题的政治不同，专业化是依赖于专业知识、科学、理性，它是通过正确的方式来解决问题和处理事情。……政府部门的专业化分成了两类：第一类是一般性专业人才，可以既供职于政府也可以供职于企业。政府在雇用他们时必须与企业竞争。这一类职业称为“一般职业”，它包括我们大部人所理解的职业如：法律、医疗、工程、建筑。第二类是专门受雇于或仅仅受雇于政府的“公务员职业”，这一类职业主要是由于公共服务计划的需要而产生在政府内的。这类职业人员也分成两种类型：第一是仅仅被单一的机构雇用的人员，比如军人、外交官、海岸警卫；第二是被不同的政府部门雇用的人员，如教师、教育管理者、社会工作者、公共医疗服务者、林务官、农业科学家和图书管理员等。⑤

---

① Frederick C. Mosher, *Democracy and the Public Service*, New York: Oxford University Press, 1971, p. 101.

② Frederick C. Mosher, *Democracy and the Public Service*, New York: Oxford University Press, 1971, p. 106.

③ 蓝志勇、胡威：《谈人力资源管理工作中公务员的专业化问题》，《中国行政管理》2008年第6期。

④ Frederick C. Mosher, *Democracy and the Public Service*, New York: Oxford University Press, 1971, pp. 103 – 104.

⑤ Frederick C. Mosher, *Democracy and the Public Service*, New York: Oxford University Press, 1971, pp. 106 – 109.

可以说，政府部门的专业化并不是新鲜的事，为专业技能而进行的教育课题在20世纪的前25年就已经开始了。并且随着1923年分类法案对专业化和科学服务的确立，政府部门里很多受过专业化教育的雇员在过去的半个世纪已经发展起来了。①

表2的样本显示了个人职业专业化对公共机构的控制程度。右边的一列显示了机构中的主要职业领域和其领导的正常职业来源。

表2　机构领域与领导的职业来源

联邦的		州和地方的	
所有的军事机构	军人	公路和其他公共工程机构	土木工程师
国务院	外交服务官员	福利机构	社会工人
公共医疗服务机构	公共医疗医生	精神卫生机构	精神科医生
林务局	林务官	公共医疗机构	公共医疗医生
垦务局	土木工程师	小学初中教育机构	教育家
地质勘测局	地质学家	高等教育机构	教授
司法部	律师	检察长、地方检察长、法律顾问、律师	
教育部	教育家		
标准局	自然科学家		

资料来源：Frederick C. Mosher, *Democracy and the Public Service*, New York: Oxford University Press, 1971, p. 105。

这些阶段的划分，只是一种分类上的方便，强调不同时期的政策导向、价值观和它们对公务员制度发展与管理的持久的影响。莫石自己也指出，“每个阶段开头和结尾处标注的日期都只是为了方便起见，每个阶段都在标注日期之前就已经开始，而其深远的影响到很久以后也远远没有结束”②。

美国行政改革和公务员队伍发展与变化的这个过程，给中国的行政改革和公务员体制的发展与管理带来有益的启示。这个可类比性，可以从中国本身的干部人事制度的改革与发展中体现出来。

三、新中国成立以来中国干部人事制度特点的发展与变化

在共和国的建设过程中，中国的干部人事管理制度特点也历经变化。笔者将其大致分成以下几个阶段。

① Frederick C. Mosher, *Democracy and the Public Service*, New York: Oxford University Press, 1971, p. 104.

② Frederick C. Mosher, *Democracy and the Public Service*, New York: Oxford University Press, 1971, p. 54.

（一）1949—1966 年

熟悉中国现代革命史的人都知道，中国的干部管理制度的核心，可以说从古田会议上强调党指挥枪、支部建在连上、政治方向第一的时候就开始了。

后来，经过大革命的洗礼，长征的历练，抗日战争的炮火，延安的熔炉和解放战争的势如破竹的风暴，锻炼出了一批思想鲜明、立场坚定、有奉献精神、有工作经验、有社会影响力和受社会尊重的革命干部，被称为老红军、南下干部。他们是建立新中国的功臣，共和国的卫士，是走在时代前面的革命队伍（有工农革命家，其中的核心人物不乏教育背景优异、出身豪门的热血革命青年）。他们对建国立国的贡献，可以与早期美国建国时资产阶级革命先贤们对美国的贡献类比。他们不是资产阶级的绅士，他们是具有历练、经验、领袖风范和受社会尊重的老一辈革命家；他们是这个时期的社会和政府的精英，在政府部门有职位和级别；稳定、立新是目标，忠诚、奉献是工具，他们受到社会的尊重。

（二）1966—1976 年

“肃反”、“三反”、“五反”、“大跃进”等一场场的政治运动，反映的是新生的共和国寻求对过去和传统的突破。革命后的国家，对传统社会的科层结构和社会等级，有与生俱来的警惕。1966 年“文化大革命”开始，群众造反派、工农兵干部等入主政府、厂矿和各种机构，实施群众专政。这个时期，讲究的是平等平均，造反有功，贫困光荣，强调“高贵者最愚蠢，贫贱者最聪明”。代表性事件是王洪文、毛远新等工农兵代表，都成为位高权重的党和国家领导人。从历史上看，群众性的造反和平均主义运动显然不符合国家的治理、发展和长治久安的需要。没有了公检法监管的社会秩序不稳定，打砸抢和冤假错案层出不穷，经济建设也搞不上去，各个社会领域的发展也不好，社会呼唤改革。

（三）1976—1989 年

“文革大革命”结束后，中国的政府目标以改革为主旋律。在干部队伍的建设和充实上，有改革和求变思想的干部获得重用和提拔。虽然时间短促，但改革的转折点从那时开始。

（四）1989—2006 年

改革开始了，如何改，如何做，如何能够改有成效？在这样的时代背景下，激励机制、承包制、市场化、双轨制、招商引资…… 在邓小平务实的“猫论”的引领下，能干有效率的官员蜂涌出现。效率的诉求早在改革开放之初就提出，到 20 世纪 80 年代中期开始承包制和市场化，特别是邓小平南方谈话之后，扩大对外招商引资、分税制、土地置换等一系列措施在江泽民、朱镕基的领导下全面推开。改革开放初期入学的大学生开始派上用场，成为推动经济效率的主体力量。

（五）2006—2012 年

在经济改革和对效率的追求达到了一定的程度，走到了原有的制度极限，如何进一步提高效率，就要靠制度设计和科学管理了。国家精英利用行政的力量进行管理协调，科学设计管理体系，注重有能与工作任务匹配的管理力量的出现。政府行政能力、服务能力、官员执政能力、国家规制能力、行政主管与行政助理的分工等问题，都开始出现。也开始有了对管理专业化、管理效率更上一层楼的诉求。中国现在的阶段，可以大致类比为“行政人阶段”，也是所谓的“国进民退”的说法的一个反映。事实上，不是谁进谁退的问题，而是原有的国家管理体制，适应不了成长壮大的民企的要求，放开了管不好，不放开又扼杀其创新力。因而退回一步，将企业和市场的功能重点放给国企，重新考虑制度的建设、官员配备、训练与管理的问题。比如说，市场化规模很大，但国家对食品安全、建筑安全、大流动人口条件下的社会治安、工业灾害、疾病灾害、金融风暴、经济波动、税收投资、环境保护、交通拥堵等国计民生的大问题的管理捉襟见肘，首尾难以相顾，按照理性的思维，首先考虑到的自然是加强行政监管。但在工业时代出现的问题，需要与之相匹配的专业能力。原有的“行政人”的思想，如果不能配以专业化管理的基础，就无法得到合适的执行。这就是改革和行政的时代，呼唤专业化管理的理论和现实基础。

上述对中国干部人事管理制度特点变化的描述和分析，虽然只是一个大概，分期上也是从方便出发，却勾画出了一段与美国建国后公务员队伍变革历程十分类似的道路，令人惊讶。这是稍有牵强，还是历史的偶然，抑或确有一种潜在的人性与制度博弈的规律，在我们对全世界的人事体制的发展特点研究一遍以前，也不大好作结论。并且，中美两国历史不同、背景不同、语言不同、基本情况和条件不同、所处的发展阶段不同，很多区别是值得认真对待的。但是，两国对人性的诉求、革命和建设的过程、大国治理的特点，并不能说毫无相关之处。随着现代化和工业化进程的深入，社会的整体变得高度复杂，很多问题需要专门的人才的专业知识才能合理解决，这就将公务员队伍的专业化问题提到了议事日程之上。

四、走向专业化（2013 年以后）

中国的发展和建设呼唤专门的高级人才，呼唤高质量的专业决策。但是，中国现有的人事管理和干部晋升制度，还远远不够解决这个问题。

它的第一个弱点是不鼓励科学技术人才的专业化发展。这在社会对优秀专业人员尤其需要的时期，是一个严重的掣肘。比如说，中国现有的专业技术人员的晋升渠道类比行政级别，专业级的最高是教授、高工（院士为特例），他们在薪酬、决策和对资源的掌握使用能力方面，往往不如一个处长。所以专业人员的职业道路是往行政级别上靠。这样，到了一定的水准，不少优秀的青年科学家，在做出了一定的成绩后，就被提拔进入行政系列（有志行政者不属此类），以显示社会和体制对专业人员的激励和回报。结果是他的科学技术生涯由此中断，不再从事他有终身积累、可以继续作贡献的事业，开始去做他本不擅长的工作。还有不少不肯放弃科研生涯的干部，或是做不好分配给他的行政本职工作，留恋于自己的科学园地，用比原来少的时间，继续努力保持留在专业技术领域的资格，但在行政上，不能有效履行自己的职责；或是用自己的地位和权力攫取资源，雇用低层次的助手"代庖"，半心半意，半时半精力地从事科学活动。资源和机会上，造成与他同资质的学者专家之间的不平等竞争，阻碍科学和技术在高层次的水平上竞争和进步。对国家的整体实力的发展，有弊无利。中国之所以这样做，是由于传统观点上对官职和科层结构的顶礼膜拜。为了显示对科技人员的重视，不得已而为之。在特定的发展阶段，是有它的历史功绩，作出了贡献的。但是，制度上的如此处理，客观上加强了对传统观点的不正确认识，实践上则留下了阻碍科学良性和往更高更深层次发展的掣肘。

第二个弱点是，即便在非科学与工程的专业管理领域，也影响专业管理人才在某一方面、某一地区的专业管理能力的提升和他们的经验与智慧的使用。现在的干部选拔制度，从乡科级到省部级有乡科、县处、厅局、省部4个跨度，分正副职，每个岗位上5年任期。如果按部就班，从科长到部长要40年时间。如果22岁大学毕业参加工作开始，按各级的年龄限制算，完成正常任职期的官员不可能做到部长。因而造成越级提拔、快速升官的现象。而快速升官的弊病，在于没有足够的时间完成职位任期，积累管理经验。即便按期完成，每5年一换的岗位，使政绩工程、短期行为成为常态。现代社会，需要15年到30年时间完成对一个高层次人才的培养，就是说，一个合格的市长，需要十几年甚至20年时间在一个市工作，并要求有10年以上的市领导工作经历，这样的人才，必须通过在某地长期工作，对这个地方有深入了解的积累才能培养出来。如果此时被调换到其他岗位，脱离了有作为的环境，就又少了一个专才，多了一个庸官。如果不提拔，级别又太低，待遇跟不上。

这两个问题，公务员队伍的专业化管理就能够帮助解决。"与通过商议、选择、选举、妥协等这些业余方式来处理问题的政治不同，专业化是公务员依赖于专业知识、科学和理性，来解决问题和处理事情"①，方法上和效果上都会较好。专业化的特点是，有准入门槛。前文提到，莫石对专业的定义是：有合理清晰的工作界限，学士学位以上的高等教育水平，提供终身的职业可能，是一种需要长时间训练和学习做基础、可以终身从事的职业或工作领域。

莫石将政府部门的专业化分成两类：第一类是一般性专业人才，可以既供职于政府也可以供职于企业。它包括我们大部分人所理解的职业如：法律、医疗、工程、建筑。他们可以有在政府内的职业生涯，也可以有在企业发展的职业生涯。这两种职业，有相当大的比例可以互换。第二类是专门受雇于或仅仅受雇于政府的公务员职业。这一类职业主要是由于公共服务计划的需要而产生在政府内的。这类职业人员也分成两类：第一是仅仅被单一的机构雇用的人员，比如军人、外交官、海岸警卫。他们可以走职业化的道路，也可以转行做别的事情。第二是被不同的政府部门雇用的专业人员，如教师、科学家、工程师、教育管理者、社会工作者、公共医疗服务者、林务官、农业科学家和图书管理员等。他们

① Frederick C. Mosher, *Democracy and the Public Service*, New York: Oxford University Press, 1971, p. 109.

有的可以到企业工作，有的由于工作性质，只能终身在政府工作。①

事实上，政府的工作，还需要有另一类工作人员，我们认为的第三类专业人员，即职业管理人员。职业管理人员有的从事专门工作，如水利、航天、住房、人事、后勤、司法、体育等工作。有的在具体功能部门供职，比如市长、大学校长、中学校长、幼儿园园长、法官等。他们也可以有自己的职业生涯。如果干部人事制度设计合理，很多现在的问题就可以迎刃而解。

比如说，一个将军，按职位和工作需要，可以有比总统高的收入或特权。一个科学家，他的职级、待遇和社会地位可以与最高行政长官媲美或超越。一个大学的司务长，可以拿与大学校长相同甚至更高的工资，一个大市的市长，收入不必比总统低。美国的大学校长，收入比美国总统高得多的不在少数。这样，社会的专业化管理特性就凸显出来，社会工作只是分工不同，没有高低贵贱之分，三百六十行，行行出状元，而状元的地位是相当的。一个市长，从管理小市开始，一直晋升到管理大市。地方和市可以不同，但他一辈子的职业，就是做市长。他对城市规划、景观、人居、交通、水电和公共服务有深切的认识和了解。一个愿意从事幼儿园管理的人，可以把这个作为终身职业，获取幼师管理资质，对教育、幼儿、幼儿的老师、家长等等有丰富的知识，在幼师管理行业做到最好，行业认同性高，流动性强，薪酬、社会地位和成就感不必低于部长。可以以一级幼师的资质，参与国家对幼儿教育的法律制定和管理。比如说，直接从有资质和管理经验的幼儿园园长聘用部长、国家顾问、人民代表。这样的专业化管理的职业制度，可以鼓励人们留在自己喜欢的行业里，兢兢业业，做到最好，做到极致。

事实上，中国在干部专业化和专业化管理的问题上，并不是一张白纸，毫无先例。只是在认识上，深度和广度上，全面系统的问题上，还严重不足。特别是在社会发展的专业化程度提高后，这种不足就显得尤为突出。

比如说，中国的干部管理，有各级组织部门协调管理。干部的成长和使用，都在组织部门的跟踪之下。有人擅长城市管理，有人擅长矿山管理，有人学习能力强，可以在不同领域使用。他们事实上从事的是专业管理人员的终身职业，被称为职业革命家或管理人员。党在长期的管理实践中，积累了丰富的经验，也在不断改革和变化，这是中国的发展和建设能走到今天的一个支柱。但是，现有的管理体制，分工不细、不合理、党政干部混合使用（党务和政务为不同的管理领域），管理与科技干部混合使用，缺少高层次科技人才职业发展系列，对科技人才和党外人才的合理管理和使用比较欠缺（不是完全没有）。不能全面适应新形势下的需要。近几年教育去行政化、科技管理去行政化的呼声迟迟得不到关注，也是现有体制的局限性的一个反映。

西方国家在“行政人时期”之后，走上专业化的道路。而中国在科学发展观的指导下，提出了科学发展，理性治国，也十分需要提倡干部队伍的专业化和对公务员制度的专业化管理。别国的经验和自身发展的需要，都在呼唤一个公务员专业化时代到来。这一历史的

① Frederick C. Mosher, *Democracy and the Public Service*, New York: Oxford University Press, 1971, pp. 106 – 107.

趋势，是否在提醒我们，应该未雨绸缪，开始认真考虑和设计一个与中国现代化进程相匹配的公务员专业化管理体系。当然，西方国家在公务员队伍专业化管理之后，也出现了专业与民主如何有效沟通的问题。在中国，在制度设计的过程中，也可以认真研究，汲取经验，走出一条比西方专业化管理更优越的道路。

参考文献

[1] 方振邦主编：《管理学基础》，中国人民大学出版社 2008 年版。

[2] 国洪梅：《罗斯福新政时期美国文官政治化倾向的加强》，《史学集刊》2004 年第 3 期。

[3] 蓝志勇、胡威：《谈人力资源管理工作中公务员的专业化问题》，《中国行政管理》2008 年第 6 期。

[4] 蓝志勇、刘洋：《建设“学习型组织”推动“组织学习”与制度创新》，《学海》2012 年第 3 期。

[5] 石庆环：《行为约束体系与美国文官的职业道德》，《辽宁大学学报（哲学社会科学版）》2008 年第 36 卷第 4 期。

[6] 石庆环：《美国文官群体研究》，社会科学出版社 2011 年版。

[7] 于永达、占伟萍编著：《美国政府人力资源》，清华大学出版社 2011 年版。

[8] David A. Schultz. et al. , *The Politics of Civil Service Reform*, New York: Peter Lang Publishing, Inc. , 1998.

[9] Frederick C. Mosher, *Democracy and the Public Service*, New York: Oxford University Press, 1971.

[10] Lioyd W. Warner, Paul P. Van Riper and Norman H. Martin, *The American Federal Executive: A Study of the Social and Personal Characteristics of Civilian and Military Leaders of the United States Federal Government*, New Haven: Yale University Press, 1963.

[11] Loouis W. Koenig, *Official Makers of Policy: Congress and the President*, Chicago: Scott. Foresman and Company, 1965.

[12] Robert Maranto, *Politics and Bureaucracy in the Modern Presidency: Careerists and Appointees In the Reagan Administration*, Connecticut: Greenwood Press, 1993.

[13] The Hoover Commission Report, *On Organization of the Executive Branch of the Government*, New York: MacGraw - Hill Book Company, Inc. , 1949.

The Trend for Professionalization and Management of China's Civil Service: A Mosher's Theory – Based Perspective

Lan Zhiyong, Hu Wei

Abstract: Professionalizing civil service is a necessary trend in China's modernization drive and development and will also bring about new challenges to its management and coordination. This paper studies the description by famous American scholar Mosher toward American civil service developments from its founding to the 1970s as well as China's experience in civil service management, and deduces the necessary trend and urgency for China's civil service professionalization. The authors argue that after the developments of the enlightment by May Fourth Movement, leading roles by Red Army leaders and southward officials, mass's appeal for fairness, chasing for efficiency based on economic and technical innovation, and reconstruction of systems and procedures under scientific management, China's civil service will undoubtedly encounter its professionalization mission. In that sense, we need to make good preparation ahead of time and avoid the problems seen in western countries accurring after the professionalization. Successful professionalization is the motive power and foundation for the national scientific management, continued development and progress and improvement of social management efficiency.

Key words: civil service, professionalization, human resource

（编辑：苗月霞）

基层公务员“职业高原”问题与发展生态环境改进思考

萧鸣政　马芝兰*

[摘要]　当前和今后一个时期是我国创新驱动、转型发展的关键时期，顶层设计和战略部署都需要基层公务员来具体执行和落实。当基层公务员成为了“职业高原”的高发群体时，将在一定程度上影响到政策的实施，阻碍个体自身的发展。因此本研究以基层公务员为对象，分析了基层公务员“职业高原”的具体表现与影响因素，并从生态环境优化视角提出了基层公务员发展的相关对策建议。

[关键词]　基层公务员　“职业高原”　对策建议

在社会对个人权力形成崇尚、个人在生活高压下对安全感的追求等多种因素的催生下，公务员因其工资福利、退休养老等保障体系较为完善和稳定，成为近年来的热门职业。对党政机关而言，选拔公务员过程中有大量人员来竞争有限的岗位，寻找精英的机会和余地得到扩充，有利于公务员队伍整体素质的提升，从而促进良好的政府治理。然而经历千军万马过独木桥的层层竞争后进入体制内的基层公务员，① 他们的职业发展现状是：因结构机制、“官僚制”历史影响等内在隐性因素发生综合作用，从基层逐步向上攀升的过程或者工作内容的逐步扩大非常艰难、与自身预期有很大距离，成为公务员“职业高原”的高发群体，由此带来的问题也不容小觑。

一、“职业高原”及其特征

“高原”最初是地理学上的说法，指海拔较高、横面平坦、起伏稀少的一块平地，后被形象地用在职业发展和进步过程中的暂时止步不前的状态，如同爬山一样停在一小块平地上不能再向上了。美国心理学家福伦斯 1977 年在研究职业生涯管理时首次提出“职业高

* 作者萧鸣政系北京大学政府管理学院教授，马芝兰系北京大学政府管理学院博士研究生。

① 基层公务员有两种理解：一是在同一层级的政府部门内部，职务级别较低的公务员；二是不同层级的政府部门中，在相对下一级部门中的公务员。从本研究的研究内容和定位来说，不同层级部门中的公务员在内容和表现上是没有区别的，因此本研究对基层公务员的界定采用前一种含义，即同一级政府部门内部，职务级别层次比较低的公务员。鉴于目前公务员队伍的整体编制和级别分布情况，本研究把这一群体定位在乡科级公务员级别。

原”并将其定义为：“个体在职业生涯中的某个阶段，获得进一步晋升可能性很小的一种状态。”① 此后，职业高原从感官知觉成为职业生涯管理研究中的一项重要而明晰的内容。之后的研究对其进行了拓展和补充。以维格为代表的第二阶段，他在1981年提出，职业高原是“处于组织中的某一个职位上的个体短期内发生‘流动’的机会和可能性很小”。② 这里的“流动”既有向上的晋升，也涵盖了水平流动的横向发展。以费尔德曼和维茨为代表的第三阶段，他们在1988年提出工作责任的停滞和“明升暗降”③ 也应纳入到职业高原的内涵中去。④ 以巴德威克和克罗克福德为代表的研究到了第四阶段，即把职业高原定义成一种主观描述，指“在职业发展过程中的一种主观的感受和心理”。⑤ 从本源来说，“Plateau”这个词的本身有迅速增长或发展后的稳定状态或无显著进步的含义。无论哪个阶段的描述，其核心都是职业发展的一种特殊停滞状态，要么是纵向级别向上攀爬的停滞，要么是横向工作职责和内容扩张的停滞，要么是趋向权力中心的中心化进程的停滞。因此，我们认为“停滞”是职业高原的本质特征和表现。具体而言，职业高原具有以下特征：

第一，职业高原现象是一项客观存在的内容。组织和员工由于自身利益的普遍存在，两者在职业发展的具体指向上往往会出现不可调和的内在矛盾：组织为了提高组织效率和效能，尽可能节约成本，提高控制力，采用金字塔状的层级结构，因而可提供的高权力、高地位的职位以及通向金字塔顶端的路径狭窄；对于个体员工而言，他们越来越注重自身的价值体现和长远发展，总是本能地希望通过自身在岗位上的努力，一步步向金字塔的顶端攀登。由于存在机会和资源的限制，大部分个体在一个组织中发展到一定程度后，在工作承担的责任或内容上会出现很难再往前的阶段，产生“职业高原”问题。

第二，职业高原同时作用于个体和组织。一方面，随着现代社会的发展，个体需要在生理健康、人格健全、知识丰富、行为优雅、能力卓越等多方面形成网络状体系来满足自我发展意识；另一方面，由于组织具有控制、精简、效能最大化的特点，员工个体与组织结构的发展产生阶段性摩擦是必然的。⑥ 职业高原成为了一种普遍现象并且对个人和组织都会产生影响。这种停滞同时会相应地引发一系列的作用，而这些作用以消极作用为主，如：工作没有积极性、对工作产生厌倦心理、工作效率低下等，对个体自身的生活工作产生不利，进而对组织也带来损害。

---

① Ference T. P., Stoner J. A., Warren E. K., “Managing the Career Plateau”, *Academy of Management Review*, 1977, 2 (4), pp. 602 – 612.

② Veiga J. F., “Plateaued Versus Nonplateaued Managers: Career Patterns, Attitudes and Path Potential”, *Academy of Management Journal*, 1981, 24, pp. 566 – 578.

③ “明升暗降”是指当组织中的个体所担任的职务获得晋升后，他的工作责任却没有发生与职务垂直流动相一致的趋势，反而是不变甚至是减少了。

④ Feldman Daniel C., Weitz Barton A., “Career Plateaus in the Salesforce: Understanding and Removi”, *The Journal of Personal Selling & Sales Management*, 1988, 11 (8), p. 3.

⑤ 陈加洲：《企业员工的心理契约研究》，中国科学院心理所博士论文，2001年。

⑥ 孙健、纪建悦：《人力资源开发与管理》，企业管理出版社2004年版，第266页。

二、基层公务员“职业高原”研究的现实需求

（一）基层公务员担负着特殊的使命

从数量上来看，基层公务员是公务员队伍中最为庞大的一个群体，聚众效应能量巨大。基层公务员代表党政机关形象，直接根植于群众、面向群众，同时又具体执行和实现着高层的战略决策。正如威尔逊指出的，“了解政府机构的重要途径是理解其一线人员的运作”。[①] 公务员特别是占主体部分的基层公务员，是代表国家权力机关行使国家职能的代表者，他们的整体素质和执行力表现强弱至关重要地影响着整个国家的改革与发展。国家的社会经济发展工作的推进与政治民主的建设，都需要一批高素质、强能力、懂方法、贴群众的基层公务员队伍形成合力积极应对各种挑战，在党政机关和群众之间铸成一座坚固而通畅的信息、感情桥梁，提高整个国家的国际竞争力和民生幸福感。因此，认清基层公务员中出现的新问题并挖掘内在影响因素，使之步入良性成长轨道，具有特别重要的现实意义。

（二）对基层公务员职业发展研究的缺失

现有的对公务员的研究，重点集中在工作压力和制度设计上，对关注个体职业发展的研究少之又少，而能聚焦到基层公务员身上的研究更为稀缺。基层公务员队伍建设是现代公务员制度改革的有机组成部分，找到基层公务员群体在职业发展中出现的问题，探索和实践有效的管理和应对措施，构建一支集良好道德修养、价值观、精神状态、群众意识、处世才略于一身的基层公务员队伍，不但能为政治学、心理学、人力资源管理学等多种学科提供新鲜视角的理论补充和现实素材，还在一定程度上助推了社会核心竞争力的形成。[②]

（三）基层公务员面临职业发展困境

北京、上海等国际化大都市，因其开放发展的城市姿态、海纳百川的人文环境、国际一流的现代化建设和尖端顶级的行业机会成为年轻人热衷的就业城市。全国广大的农村的社会经济建设，尤其是西部与中部的落后农村，更是在“大学生村官计划”与“到基层农村建功立业去”的号召下，在社会公务员热潮和组织人事部门人才工作双重因素的作用下，吸引了大量高学历、富有活力和创造力的年轻人充实到其公务员队伍当中去。他们怀揣着美好愿望，认为凭借自身的高层次学历和水平能在职业中大显身手施展才华，获得社会认可和地位提升。然而，基层公务员的职责和权力范围仅限于低层级的和执行性的内容，与通俗讲的“官员”有很大的区别，由此产生了期望与现实的不对等，成为职业高原的高发群体。

---

① 詹姆斯·威尔逊：《官僚机构：政府机构的作为及其原因》，孙艳等译，生活·读书·新知三联书店2006年版，第69页。

② 彭业兴：《试论中国公务员制度的跨世纪发展与创新》，《北京行政学院学报》1999年第1期。

三、优化基层公务员发展生态环境的建议

当前和今后一个时期，是我国创新驱动、转型发展的关键时期，社会主义国际化大都市必须取得决定性进展。在新的历史条件下，既要树立忧患意识，认清大环境中的不确定和不稳定因素，又要追求坚定信念、创新突破、率先转变经济发展方式，更好地服务于民生。高层的制度设计和战略规划的执行和落实，需要紧紧地依靠素质优良的基层公务员队伍保持昂扬向上的精神状态和服务群众的使命感。随着人的自由、全面发展越来越被重视，基层公务员个体的发展同样不可忽视。根据基层公务员“职业高原”的问题，本文提出如下建议，以缓解“职业高原”给基层公务员带来的消极作用。

（一）构建友好的社会生态环境，逐步消除外界冲突

外部冲突主要是来源于外部环境和社会认知两个方面，外部环境表现在外部竞争和公众偏差，社会认知表现在改革、社会环境和社会支持。

1. 正确引导舆论导向，正确认识公务员职业

正确引导社会对基层公务员的认识，采取科学的舆论宣传策略赢得社会的认可和理解，使基层公务员得到群众的认可与支持，可以有效地提高工作绩效和群众工作的针对性。正确引导动机不纯的报考者对基层公务员职责的认识。纠正当前心存“获取地位和权力，享受稳定和清闲”的不良入职动机和盲目跟风的报考者，准确定位公务员的职业特征和发展路线，在队伍的进口关选择好合适的人选。正确引导盲目期望进入公务员队伍的高学历人员对基层公务员的认识。高学历基层公务员由于高期望与现实的不对接、专业荒废等原因特别容易产生“职业高原”，因此要引导高学历者分析和认识自身的优势和潜力挖掘点，寻求真正能发挥自身才能的岗位。

2. 从精神层面着手，形成对基层公务员的社会支持系统

基层公务员不仅是承担机关工作中的任务的职业人，同时也是一个社会人，由家庭、朋友、社区、人际交往圈子等多个层面构成其生存环境，特别是家庭和家庭成员，他们是基层公务员在工作之外最为密切的联系，这些生存环境极大地影响着基层公务员个体的精神状态和工作动力。比如，家庭成员对基层公务员个体的加班等行为表示支持和理解，就会减少工作之外的矛盾，使其能全身心地投入到机关工作中去，获得好的工作绩效从而为职业发展奠定基础。具体来说，一是要融合联系密切的生活群成员，二是要融合社区多元形态的支持。

3. 整合社会资源和力量，推进干部人事制度改革

在顺应时代背景和应对社会环境中，行政系统要达到治理国家的战略目标，形成一套具有统筹性的机关干部管理机制是必要手段。科学规范的干部人事制度是实现行政高效、保持队伍生机活力的有效保障。一是必须从重大战略部署角度认识干部人事制度改革问题；

二是社会力量要参与干部人事制度改革的方向和原则；三是要把握干部人事制度改革的重点，如强调公开选拔和竞争上岗等公开性的职业发展通道路径，使基层公务员享有公平的机会。

（二）夯实以服务群众为基础的业绩观，优化岗位成长的生态环境

岗位成长的生态环境是影响基层公务员“职业高原”产生的一个比较直接的因素，因为个体公务员都是在具体的岗位上施展其工作能力、获取工作业绩的。岗位成长生态环境主要体现在岗位要素、内部制度和岗位特征三个方面。其中，岗位要素是指岗位对教育背景、身体状况、性别、工作经验等方面的要求，内部制度包括考核制度、激励制度、晋升制度、轮岗制度等，而岗位特征包括岗位的工作环境、工作量、工作内容和对象等。岗位成长的生态环境建设应该做好如下工作。

1. 明确标注岗位特征，使岗位要素得以清晰呈现

首先要对岗位进行工作分析，避免工作模糊，即对每一个具体的岗位进行工作分析，在此基础上形成一份含有工作职责、工作内容、工作要求、工作范围、工作目标等内容的岗位职责说明书，每一个从事该岗位的人都有明晰的工作对象和指向，对自我的工作成绩有一个客观的比照和参照，有效避免工作模糊带来的效率低下。其次，建立工作岗位“导师制”，用经验强化对岗位特征的认识。给具有丰富岗位经验的老员工分配“导师”的角色，让他们带领和指导新进岗位的员工进行工作，以减少新员工走弯路的几率，同时增强老员工的满足感和价值感。再次，营造组织文化优化岗位环境，对组织文化进行顺应时代发展的重新审视和调整，在多元价值观的时代背景下，提倡积极向上的多样化的成功标准导向，在努力实现自我价值的过程中拓宽职业发展的道路，明晰职业发展的前途。

2. 以公平公正为基本原则，完善职业发展中的各类职位管理制度

建立科学考核奖惩体系。实施考核奖惩的目的是监督和促进日常工作，表彰先进引导后进，维护体系的公平性和公正性，有利于促进基层公务员发挥积极作用。创新职务岗位任用制度。一是按照合同化的形式实行职务岗位任期制，职务岗位以公开竞争和选拔的方式充实人员，择优录用；二是探索职务退出机制，减少因结构性的因素引起的“高原”效应。

（三）适用能级层序原理的最佳配置，充分发挥个体主观能动性与岗位成长的适应能力

基层公务员的个体条件是其“职业高原”产生的最根本性因素，是“内因”，因此，消除与减少基层公务员“职业高原”问题的根本举措在于组织的人岗优化配置与个人的岗位调适能力。

1. 形成符合发展规律的价值观是应对“职业高原”的根本

培育社会主义核心价值观是政治职业的根本。价值观是人们对什么是价值、怎样判断价值、如何创造价值的普遍看法和根本观点，影响着个体处理具体问题的认知判断和行为倾向，作为组织人事部门，应该积极引导与指导基层公务员个体形成与国家发展方向相一致的价值观，帮助他们在职业发展上获得成功感。指导基层公务员把“廉洁”视做职业发展的安全保护屏障，正视经济社会发展中的收入差距，处理好积极进取和适度竞争之间的平衡关系；在竞争问题上要引导他们正视竞争、接受竞争，同时倡导健康的竞争标准，竞争应该是良性的、健康的、适度的，是符合道德准则和法律规范的，所凭借的是自身奋斗和努力所获取的知识、能力、经验。

2. 不断补充自我不足之处，提升个体岗位适应能力与调适能力

组织人事部门在做好人岗优化配置工作的同时，要积极指导基层公务员不断适应岗位，提升工作能力，保持对工作的热情，始终坚持学习。要积极引导基层公务员正确认识自我缺陷，寻求外界对自我的反馈，借助外界的反馈来获取全面的信息，增强评价的客观性和准确性，从而找到个体自身的缺陷和不足，进而有正确的努力方向。

3. 放远职业发展视野，扩充职业成功标准

组织人事部门要引导基层公务员用宽广的职业发展视野来看待职业成长和成功，岗位工作的价值不仅在于工作的结果，更在于工作过程中的交流、碰撞、成长与调整，以及在工作中获取的经验和阅历，不能简单地仅用“上升”的途径标准来衡量工作价值和个人成功。

总之，基层公务员是整个公务员队伍的基座，是政府职能有效发挥的基础和主体。一方面他们代表政府直接根植于群众、面向群众，是与人民群众沟通的代言人；另一方面，他们又是实现高层战略决策的实际执行者和操作者。威尔逊在《官僚机构：政府机构的作为及原因》一书中描述到：“了解政府机构的重要途径是理解其一线人员的运作”。[①] 基层公务员的工作内容和作用渗透到了政治、经济、文化、社会等各个角落，形成网络，决定性地影响着国家能否有效实现公共管理等各项职能。另外从数量上来看，基层公务员占公务员总量的90%以上，其中县乡两级占公务员总数的60%以上。[②] 本文揭示了基层公务员管理中存在的“职业高原”问题与研究的重要性，主要从优化公务员岗位成长的生态环境视角，提出了如何解决“职业高原”问题的一些相关建议，对组织人事部门做好基层公务员的职业生涯管理工作，引导基层公务员职业发展步入良性成长轨道，具有一定的参考

---

① 詹姆斯·威尔逊：《官僚机构：政府机构的作为及其原因》，孙艳等译，三联书店 2006 年版，第 69 页。

② 赵超：《我国现有公务员 678.9 万名，基层公务员占 60% 以上》，中央政府门户网站，2011 年 1 月 20 日。

意义。

参考文献

[1] 詹姆斯·威尔逊:《官僚机构：政府机构的作为及其原因》，孙艳等译，生活·读书·新知三联书店2006年版。

[2] 孙健、纪建悦:《人力资源开发与管理》，企业管理出版社2004年版。

[3] 萧鸣政:《人力资源开发学》，高等教育出版社2002年版。

[4] 陈加洲:《企业员工的心理契约研究》，中国科学院心理所博士论文，2001年。

[5] 彭业兴:《试论中国公务员制度的跨世纪发展与创新》，《北京行政学院学报》1999年第1期。

[6] Ference T. P., Stoner J. A., Warren E. K., “Managing the Career Plateau”, *Academy of Management Review*, 1977, 2.

[7] Chao G. T., Exp Bration of the Conceptualization and Measurement of Management, 1990, 16.

[8] Feldman Daniel C., Weitz Barton A., “Career Plateaus in the Salesforce: Understanding and Removi”, *The Journal of Per onal Selling & Sales Management*, 1988, 11.

Study on Career Plateau of Junior Civil Service and Improving Ecological Environment

Xiao Mingzheng, Ma Zhilan

Abstract: It is the high time for innovation driving and development transforming in China. Taking the top－level design and strategic disposition into practice calls for strong implementation by junior civil service. Unfortunately, they suffer the high incidence of career plateau that affect policy carrying out and individual development. Thus, we focus on the group of junior civil service and analyze the career plateau feature and influencing factors. On that basis, we put some suggestions for junior civil service in the view of optimizing the ecological environment.

Key words: junior civil service, career plateau, countermeasures and suggestions

（编辑：吴 帅）

上海国际人才自由港发展战略研究

沈荣华　吴国耀　金莉萍　徐坚成　汪　怿*

[摘要]　为深入贯彻国家和上海市中长期人才发展规划纲要，确立人才优先发展的战略布局，上海提出以建设上海国际人才高地为目标，以科技创新为驱动，以深化改革为突破，率先在国内建立上海国际人才自由港，使之成为来去最自由、落户最便利、创业最宽松、生活最舒适、人才最向往的新型园区。本文首先从战略意义、人才现状两方面对建立上海国际人才自由港的必要性和可行性进行分析，进而对自由港建设的总体目标、主要任务、实施步骤以及重要政策等进行了具体的规划设想。

[关键词]　上海　国际人才自由港　战略

一、建设上海国际人才自由港的战略意义

（一）国家转变经济发展方式，急需加快实施人才强国战略，积极参与国际人才竞争

随着世界多极化、经济全球化的不断发展，加上国际金融危机的洗礼，全球财富和经济力量正悄然发生转变，重视人才资源、强调变革转型、突出技术创新，成为各国发展与竞争的主轴。国与国之间人才竞争也越来越激烈，人才国际竞争比较优势日益成为综合国力竞争的聚焦点和着力点。党中央、国务院提出，“十二五”时期我国的发展主线是转变经济发展方式。转变经济发展方式，关键在人才。我国产业结构长期处在世界产业结构的中低端，主要原因是人力资本上不去，人才素质上不去。

人才是先进生产力最活跃的因素，“人才转型”是经济转型的基础。转型发展的本质就是要使知识、技术、信息、管理等现代生产要素逐步取代传统的能源、物质资本、劳动力要素，成为经济增长的主要动力。依据人才特区的思路，在临港产业区建设国际人才自由港，探索与国际接轨、与社会主义市场经济体制相适应、有利于科学发展的人才发展路径，

* 作者沈荣华系上海市公共行政与人力资源研究所名誉所长、研究员，吴国耀系上海市公共行政与人力资源研究所副所长、副研究员，金莉萍系上海市公共行政与人力资源研究所室主任、研究员，徐坚成系上海市公共行政与人力资源研究所室主任、副研究员，汪怿系上海市公共行政与人力资源研究所副研究员。

对转变经济发展方式，提升我国人才国际竞争力，具有重要的战略和现实意义。

（二）上海实现创新驱动、转型发展，急需继续当好全国排头兵，建设国际人才高地

面对复杂多变的国际国内环境和自身所面临的一系列阶段性瓶颈，上海必须把人才放在优先发展的战略位置，加快国际人才高地建设，主动参与国际人才竞争与合作，推动动力机制的重塑、经济形态的转变、城市功能的突破，实现创新驱动、转型发展的动力引擎。

在临港产业区探索建立国际人才自由港，有利于缩短与国际大都市的距离，吸引和集聚一大批具有才能、追寻梦想的天下英才前来创新创业；有利于最大限度地激发各类人才的创新激情和创造活力，用制度来保障和实现各类人才的全面发展；有利于形成一套顺应国际发展潮流、符合我国国情、体现上海特色的充满生机和活力的人才体制机制，走出一条依靠具有国际竞争力的人才优势来转变城市发展模式、形成城市竞争优势的有效做法和经验，最大限度地发挥人才资源开发基础性、战略性、决定性作用，成为推动上海建设集聚能力强、辐射领域广的国际人才高地和世界创新创业最活跃的地区之一的动力引擎，引领上海在新一轮发展中继续走在全国前列，为落实人才强国战略发挥先导作用。

（三）浦东积极推进结构升级，急需牢牢抓住发展转型的契机，全力打造国际人才创新试验区

历经了20多年开发开放的浦东，是上海现代化建设的缩影和中国改革开放的象征。浦东20多年开发开放之路，是不断解放思想、解放生产力之路，是探索中国特色、上海特点之路，是面向世界、扩大开放之路。当前，浦东已经站在一个新的更高历史起点上，面对新的挑战和机遇，必须牢牢抓住发展转型的契机，围绕制约未来发展的瓶颈和难点，以建设“浦东国际人才创新试验区”和海外高层次人才创新创业基地为突破口，先行先试，大胆创新，用更加积极、更加有力的措施吸引和集聚国内外优秀人才。

临港产业区是未来浦东优化升级发展的新的增长点和动力源，在临港产业区建立国际人才自由港，把浦东国际人才创新试验区的各项创新实践具体化、政策化，将开拓人才资源开发新领域、新空间，开创人才工作新局面、新格局，在推动上海人才队伍建设、人才资源开发、人才工作在高起点、高水平上攀登新高峰的同时，不断增强辐射能力，强化带动能力，加强服务能力，带动城市的发展，带动长三角的发展，带动长江流域的发展。

（四）临港要建设成为一个有特殊政策的创业新城，实现跨越式发展，急需加快打造国际化优秀人才集聚的人才自由港

当前和今后一段时期是临港新城实现跨越发展的关键时期。按照上海“临港新城要建设成为一个有特殊政策的创业新城”的要求，临港要体现国家战略、上海优势和国际竞争力，形成后发优势，建设成为生产生活生态高度融合的国家新型工业化产业示范基地，必须进一步开拓思路，大胆创新，发挥自身优势，加大改革创新力度。

从全球发展趋势来看，科技园区、工业园区的发展，已经从第一代以科技促进产业为

特征的线性模式、第二代以关注创新环境为特征的链式模式，发展到以人才为核心、以提高园区整体创造力为特征，集学习、娱乐、生活于一体的网络模式的第三代科技园区。第三代科技园区管理的重点在于集聚人才、有效激发并管理人才的创造力。在临港建设拓展以园区、产业、项目与人才"点对点"的通行招才引智模式，探索建立面向世界、服务全国、服务上海的"国际人才自由港"，推动国际人才的自由流动，充分发挥国际人才流动的溢出增值效应，充分发挥人才的创新创业潜能，充分满足国际人才多层次的工作和生活需求，充分体现人才的长期综合效益，努力成为落实上海人才中长期规划和建立浦东国际人才创新试验区的重要载体，成为与社会主义国际大都市地位相匹配的国际人力资源配置中心。

二、上海临港人才建设的现状分析

（一）建设现状

上海临港位于上海市东南部、长江口与杭州湾交汇处，规划面积 313.6 平方公里。2004 年，为配合建设现代化国际大都市的新型产业体系和中远期城市建设发展战略，上海市委、市政府启动临港开发。经过几年的建设，临港地区生产、生活、生态融合发展，对外影响力日趋增强，是目前上海最具发展潜力的重点建设区域之一。

生产方面，以自主品牌和自主知识产权为主的装备制造基地基本建成，多项"国内制造的世界一流"产品在临港诞生。新能源装备领域，火电、水电、核电、风电及输变电设备全面发展。目前国内最大的 3.6 兆瓦海上风电机舱已经研制下线，世界最大的 6 兆瓦风电机舱也在研制中。汽车整车和动力总成领域，自主品牌汽车荣威 550、MG6 以及自主知识产权的 KV4、KV6 系列发动机实现量产。船舶关键件制造领域，可制造目前世界上最大汽缸直径 1080 毫米的柴油机。海洋工程装备领域的半潜式平台，最大作业水深 3000 米、最大钻井深度 1.2 万米，代表钻井平台的世界先进水平。大型工程机械领域，200 吨级、履带式、全液压 SY2000 挖掘机填补了国内工程机械行业的空白。航空产业领域，国产大型飞机发动机项目正式落地，航空产业园区初步规划。党和国家领导人多次视察园区，并对产业区的发展定位和"国内制造的世界一流"成果给予充分肯定。工业和信息化部授予临港"国家新型工业化产业示范基地"称号，批准成为国家级航空产业配套基地。国家发展和改革委员会和科技部授予临港"国家新能源产业基地"称号。

生活方面，临港依托上海国际大都市在历史文化、经济发展、教育科技、生活环境、国际交流等方面的综合配套条件，集合目前世界上少有的航空、海运、铁路、高速公路、内河航运五种交通功能为一体，打造与上海中心城区的"1 小时生产生活交通圈"。同时，临港新城以 5.56 平方公里的滴水湖为核心，依湖建设现代风貌滨海城市。目前，城市道路畅通、水系完善、环境宜人，大学、博物馆、行政中心、医院、公共卫生中心、观海公园、假日酒店、海关、检验检疫等项目已经投用，海洋特色的休闲、旅游、文化、居住等生产生活服务业得到迅速发展，航运服务、商业服务、生活居住、社会事业等城市功能正在形成。

生态方面，临港地区环境优美，空气清新，人口密度低，生物群落丰富，宁静悠远，非常适宜人居。沿海滩涂和河流湖塘纵横交错，湿地总面积达108.9平方公里，各种水生植被群落和野生动物群落在此繁衍生息，野趣盎然，是上海市生物多样性较高的地区之一。此外，人民塘水杉防护林、大治河沿线绿化林，以及综合区一带的滨海森林公园、滨海高尔夫球场、鲜花港，形成了临港产业区特有的森林群落、草地群落和花卉群落等人工植被，景色宜人。

（二）人才现状

开发之初，临港地区约有15.2万人，随着开发效应的逐渐扩展，城市化进程明显加快，现已有常住人口约30万，其中产业区25万人，主城区约5万人。据初步统计，目前已有各类人才约6万人。按照规划，远期临港地区人口规模将达到80万。

临港地区积极构建高等院校、科研院所、企业研发中心、公共服务平台、创业孵化等全方位的创新体系，引进了一批中高层次的技术和管理人才。目前，临港已经集聚了国家海洋局东海监测系统保障基地和应急指挥中心、同济大学海洋地质国家重点实验室、上海海事大学、上海海洋大学、上海电机学院、临港科技学校、中国航海博物馆等科教文化项目。建立起了上海海洋科技研究中心、上海电气院士咨询服务中心、上海海洋科技孵化中心等科研平台。在临港地区集聚起了一批国家院士、国家科技进步奖获得者、国务院学位委员会学科评议组成员、国家百千万人才工程入选者、国家级有突出贡献中青年专家、上海市首批优秀学科带头人、上海领军人才、上海高校东方学者特聘教授等专家学者。这些项目在人才培养、科技研发、工程创新等方面与国际有关大学、科研机构和组织开展广泛合作，引进了一大批海外高层次人才。

（三）人才需求

临港新城是新世纪上海城市建设的重点和亮点，通过产业和城市联动，在长江入海口、杭州湾北部打造一座生产、生活、生态融合发展的国际化新城。其产业发展功能强、规模大、起点高、模式新，城市创新力强、融合度高，是具有长期发展潜力和国际竞争力的国际航运中心核心功能区和国家级新兴装备制造业基地，是经济繁荣、体制开放、社会和谐、生态优越、风貌别致的“海洋新城”。这座新城的崛起，需要集聚国际智力和先进技术，是国内外人才共同的“创新创业新城”及梦想变为现实之地。

从需求来看，未来临港的人才需求主要为以下三类：一是高层次创新创意人才。目前临港地区初步集聚了一批科教研发项目，未来还需要集聚更多的科研、孵化、教育、培训、人才机构。二是引领新兴产业发展的创业型人才。目前，临港产业区在装备制造领域形成了一定的产业基础和先发优势，但战略性新兴产业的发展，尤其是高端装备产业的升级换代，需要不断引进科技创新、发明创造、工程建设等方面的领军人才。三是专业性城市管理和社会服务人才。作为现代化新兴城市，虽然目前临港优美休闲的城市轮廓已初步显现，但长远来看，功能有待提升、文化尚待营造，要实现建立智能化、低碳型现代城市建设的目标，需要不断吸收国外发达城市的管理经验，这就需要大批量科研、教育、会展、金融、卫生等方面的人才。

三、上海国际人才自由港的总体目标和主要任务

（一）总体目标

上海国际人才自由港建设的总体目标：大力集聚海内外各类创新、创业、创意人才，在国内率先建设集“人才交流集散区、创新创业示范区、技术移民先行区、综合服务集聚区、人才发展改革试验区”为一体的国际人才自由港，使之成为来去最自由、落户最便利、创业最宽松、生活最舒适、人才最向往的新型园区。

人才自由港重点吸引和集聚以下三方面人才和机构：一是具有各种才能和创业抱负的国内外“达人”，具体包括海外留学人员、国际“环流”人才、国内外投资和创新创业创意人才及团队、国内外发明创造者、国内外专家学者及技术人才、国内外科研创新领军人才及团队、“技术移民”和“投资移民”等。二是各类中介服务机构，主要包括人才交易机构、培训机构、人才评估协会、中外同学会、各类专业协会、人才网络以及金融、投资、法律等咨询服务机构等。三是国内外用人企业，主要包括国内外各类有用人需求、创意需求、科研成果需求的企业（用人单位）或机构。

（二）主要任务

1. 构建人才自由流动平台

着眼国际性的资金流、信息流、技术流、人才流、文化流，以人为本，扩大开放，探索技术移民制度，实施国际人才享受出入境、通关便利政策，探索实行国际人才在自由港长期居留和永久居留政策，放宽户籍政策。消除流动中的障碍，促进各类创新、创业、创意人才的自由流动。研究制定柔性引才的政策，吸引国内外各类人才以项目合作、智力入股、兼职兼薪、成果推广转化、特聘岗位、投资创办企业等各种形式服务经济社会发展。

2. 构建人才创新创业扶持平台

聚焦临港现代装备制造业、航空产业以及战略性新兴产业的发展，以产业园区的高科技企业为依托，引导和鼓励企业与高等院校、科研院所共同建立一批产业技术研发中心、重点实验室、博士后科研工作站、科技中介机构、科技孵化器、企业研发设计中心等公共创新平台与技术创新载体，建立从创新项目植入到转化发展的全过程服务体系，建立多元化的创新创业风险投融资机制和风险分担机制，通过机制和管理创新来释放创新能量。降低创业门槛，完善创业政策，建立创业培训、创业保护、创业激励的机制，对符合临港产业转型升级和新兴产业发展具有引领和带动作用的科技项目给予重点资助，对携带高新技术项目的高层次人才、创新团队在资金、土地、服务等方面进行政策扶持。

3. 构建科技智力集聚交流平台

积极引进国际科技与创新要素，加快会展的基础设施建设，打造智力交流展示平台。

大力吸引国际性组织、思想库和论坛机制落户，支持举办各类国际会议、学术论坛、文化交流、成果展览会等。扩大参与国际交流与合作的渠道，支持全球的高校、科研院所、企业、各类创新创业创意团体或企业开展学术交流、成果展示、成果交易和项目共建。加强国际技术转移，鼓励海内外各类“达人”携带知识产权、技术、创意等项目入区，通过智力集聚交流，实现项目深化和产业化。大力培育技术市场和科技中介组织，拓宽科技成果推广和交易平台。

4. 构建人才发展服务平台

整合优化人才公共服务资源，强化政府人才发展的公共服务职能，建立功能齐全、运转高效、服务便捷、国际标准的人才公共服务体系。构建多层次人才服务平台，建立人才服务“绿色通道”和办事“窗口”，简化人才创业发展、资格评价等方面的审批程序。引导、鼓励和支持各类人力资源服务机构发展，集聚培育一批运行规范、服务优质、品牌知名的人才中介服务机构。成立“上海国际人才自由港服务中心”，为自由流动的人才提供引进、培训、认证、流动、社保等“一门式”的全方位专业服务。开设“国际人才自由港网站”，发布各类信息和政策，使网站成为政府、企业、社会、个人共享互动的专业化人才信息交流和服务平台。

5. 构建休闲宜居的人文生态平台

大力发展公共交通和商业配套设施，建设适合人才生活需求的购物、就学、就医、金融服务、文化及娱乐休闲场所等生活配套设施。为进区的高层次创新创业创意人才提供高级人才公寓。优化医疗环境，达到市中心城区平均水平。优化教育环境，积极培育优质教育资源，配套建设高水平的国际双语学校。优化生态环境，充分挖掘滩涂湿地、滨海森林公园等自然环境资源，营造休闲宜居的生活条件。优化文化环境，推进富有中国特色的文化创意产业发展，加强各类文化载体建设，促进东西方文化融合，培育面向全球、兼容并蓄的文化环境，满足海内外人才在信息、艺术、宗教信仰等方面的多层次需求。

四、建设上海国际人才自由港的实施步骤

（一）启动准备期（1—2 年）

1. 编制上海国际人才自由港总体规划

组织编制人才自由港发展总体规划，编制和完善生活服务区、生产服务区的规划，尽快启动先导区规划和各项专业规划编制，确保主要基础设施和关键项目及时开工建设。

2. 基本理顺与完善人才自由港管理体制和开发机制

进一步理顺上海国际人才自由港建设的领导管理体制，建立市委、市政府统一领导，

各部门和单位负责同志参加的领导小组，负责重大事项决策和领导，领导小组下设办公室，办公室负责协调落实领导小组决策部署。在领导小组的领导和办公室的统一协调下，由一批机构和单位负责开发建设。

3. 争取一批人才自由港突破性政策落地

除沿用现有各项人才政策外，按照先行先试、先易后难的原则，研究和设计一批人才自由港的突破性政策，争取国际人才进出自由、国际医疗机构与国际学校创办等政策突破。争取国家技术移民政策先行先试。

4. 初步建成一批与临港重点产业相衔接的公共创新平台与技术创新载体

围绕临港现代装备制造业、航空产业以及战略性新兴产业的发展，以产业园区的企业为依托，引导和鼓励企业与高等院校、科研院所共同建立一批产业技术研发中心、重点实验室、博士后科研工作站、科技中介机构、科技孵化器、企业研发设计中心等公共创新平台与技术创新载体，初步集聚一批创业创新人才。

5. 向全球宣传和推介上海国际人才自由港

在网站和各类媒体宣传和推介上海国际人才自由港建设，宣传上海国际人才自由港政策，吸引全球各类有志于参与上海国际人才自由港建设的各类创新创业人才向临港集聚。

（二）全面推进期（3—5 年）

1. 完成主要基础设施和生态环境建设

启动并完成各片区主要基础设施和环境建设，形成便捷的对内对外交通和良好的生态低碳环境，建设智能化、网络化的信息设施。

2. 集聚一批人才服务机构，初步形成全球性的人才配置枢纽之一

以上海国际人才自由港服务中心为依托，建成上海国际人才自由港人才中介园，积极吸引海内外人才中介服务机构入驻，对引进的人才中介服务机构实行相应的税收、办公场所租金等政策优惠，加快人才中介机构集聚。鼓励人才中介机构在薪酬设计、人才测评、人才培训、人才管理咨询等领域进行服务创新并形成若干具有自主知识产权的产品，全面提升人才自由港的人才中介机构专业化水平，通过一流机构的集聚，引入一流管理经验和一流专业人才，为全球各类人才集聚临港提供一流服务。

3. 塑造创新创业创意基本功能，完善公共创新平台与技术创新载体功能，集聚大批创业型创新人才和各类世界“达人”

健全公共实验室、技术装备平台、行业技术中心、虚拟科技研究开发中心、行业技术创新服务中心等科技创新公共服务平台的功能，加快建立适合临港产业特点的信息和共性技术服务平台，支持科技型企业孵化基地建设，进一步推进人才自由港的科技资源共享和技术交流服务。大力吸引研究型高校入驻，推进临港重大产业重点项目的产学研合作，鼓励各类企业、组织和创新人才建立各种形式的科技研发联盟。在上海国际人才自由港着力培育技术市场和科技中介组织，拓宽科技成果推广平台和转化平台，加快科技中介服务机构为企业和创新创业人才提供科技咨询、技术推广、科技成果转化和技术转让等专业化服务。建立多元化的创新创业风险投融资机制和风险分担机制，对符合临港产业转型升级和新兴产业发展具有引领和带动作用的科技项目给予重点资助，对携带高新技术项目的高层次创新创业人才和创新团队在资金、土地、服务等方面进行政策扶持。

4. 建设国际化的生活配套设施

如建设高质量的学校、医院、商场，引进国际知名医疗、疗养机构，开办国际学校，吸引国际文化体育机构，建成相应的商业服务设施，建设100万平方米以上人才配套公寓等。

5. 打造智力交流展示平台

建设一批国际会展设施，扩大参与国际交流与合作的渠道，支持全球的高校、科研院所、企业、各类创新创业创意团体或企业开展学术交流、成果展示、成果交易和项目共建。集聚各类创投机构、科技中介机构等，拓宽科技成果推广和交易平台，完善人才创业扶持运行机制，初步建成全球科技成果交易中心之一。鼓励支持海内外各类“达人”携带知识产权、技术、创意等项目入区，通过智力集聚交流，实现项目深化和产业化。

（三）规模效应期（6—10年）

国际人才自由港基本建成，全面建成人才自由流动、科技智力集聚交流、创新创业扶持、人才动态服务、休闲宜居人文生态等五大平台，全面凸显自由交流、交换增值、孵化创造、休养生息、溢出放大等主要功能，成为国内外各类人才及其智力自由流动的一个集散枢纽，各类人才创新创业创意的理想家园和温馨驿站。

五、建设上海国际人才自由港的重大政策

建设上海国际人才自由港是一项全新的、具有重大意义的战略举措，必须争取国家各部委支持，发挥政府主导的强势推进作用，以实现体制机制和重大政策创新为突破口，举全市之力建设上海国际人才自由港。

（一）领导体制

成立由市委、市政府领导挂帅，市相关部门和开发单位负责同志参加的领导小组，负责重大事项的决策和领导。领导小组下设办公室，设在临港产业区管委会。办公室负责协调落实领导小组决策部署，主要职责是：负责人才自由港开发建设行政管理工作；配合协

调人才自由港特殊政策落地；研究园区的发展战略和规划，负责制订发展计划；负责联系协调市相关部门，配合国家有关部门设立分支机构；争取各类智力要素集聚，推动公共创新平台搭建；争取各类功能要素集聚，推动人才交流平台、人才综合服务平台等搭建；负责专项发展资金和各类资金管理使用；市委、市政府和浦东新区赋予的其他职责。

（二）开发机制

遵循政府主导、市场运作、资源共享、开放合作的原则，在领导小组的领导和办公室的统一协调下进行开发建设。成立与办公室高度融合的开发主体，负责人才先导区和临港产业区范围内生产生活服务区相关设施和项目的开发建设。其基础设施建设投资由市专项资金核销。由浦东南汇新城管委会、港城集团负责南汇新城范围内的国际人才自由港相关设施和项目的开发建设。在领导小组办公室指导下，成立上海国际人才自由港服务中心，作为政府行政事业单位，协调对接政府各有关部门的人才管理和服务政策，负责国际人才自由港的社会事务管理及人才服务工作。通过引进张江、漕河泾、杨浦等人才基地以及国内外具有丰富专业经验和实力的机构，建设创意创新创业、孵化、教育、文化、医疗、商业等项目。

（三）政策保障

上海国际人才自由港需要立足国情，建立一整套与国际充分接轨的政策制度，增强对海外人才和国际环流人才的吸引力（具体应比对香港地区、新加坡在人才方面的政策设计）。按照党管人才的要求，积极争取中共、中央组织部、国家发展和改革委员会、财政部、人力资源和社会保障部、教育部、工业和信息化部、科技部、公安部、海关、央行等部门的大力支持，形成部市合作的工作机制，将若干政策突破优先选择在上海国际人才自由港实施，将重大专项、重点项目优先布局。具体在三方面进行政策突破：

1. 面上的部分政策在点上全面应用

对经过认定评审的中高级人才，在人才的居住与出入境、通关、技术移民等方面，争取按照上海“千人计划”的办法，在国际人才自由港全面推广。

（1）居留与出入境。积极争取国家支持，降低海外人才高层次申办永久居留证标准、简化程序先试先行，进一步降低外籍人才办理“绿卡”的门槛。对入选国家及本市各类人才引进计划，符合条件的外籍高层次人才及其随迁外籍配偶和未满18岁子女，参照“千人计划”统一快速办理《外国人永久居留证》。对未入选各类人才引进计划但在沪创业服务的，特别是年轻具有发展潜力的外籍高层次人才以及家属子女，开辟绿色通道，快速办理永久居留手续。对尚未获得《外国人永久居留证》的高层次人才及其配偶和未满18周岁子女，需多次临时出入境的，为其办理2—5年有效期的外国人居留许可或多次往返签证，在沪居留满5年后可优先办理永久居留。争取有关部门支持，对在自由港设立跨国公司总部的董事长、总经理、总工程师、总经济师及分公司高级经理可优先办理经济类外国专家证，并享受有关待遇。争取国家支持，试点允许持居住证的非本市户籍居民在本市办理护照。

（2）通关。对进出国际人才自由港的经认定的国际人才，建议参照上海“千人计划”的办法，设立绿色通道，对其出入境给予通关便利。对携带少量科研、教学物品入境的，免征关税；合理数量的生活自用物品，除国家规定列名征税外，予以免税放行；随身携带的物品，除特殊情况外，可予免开箱查验放行。

（3）技术移民。争取国家支持，探索试行技术移民制度，统一技术移民评估、申请、受理、审批、发证等环节的管理流程，按照知识、能力、业绩、工作性质，以市场需求和职业能力测试为基础，细化工作许可和签证类别，给予其在华居留、工作期间的国民待遇。建议参照上海“千人计划”的办法，对愿意放弃外国国籍而申请加入中国国籍的经认定的技术人才，由公安部门根据《中华人民共和国国籍法》的有关规定，经评估后优先为其本人及随归、随迁的配偶、子女办理加入中国国籍的手续。

2. 国内其他人才高地政策移植

在创意扶持、财政扶持、股权激励、科技金融、政府采购、重大项目等方面，参照执行中关村、武汉东湖以及上海其他园区的政策。

（1）创意创业扶持。加大创业孵化器、加速器、创业苗圃、创新创业平台的建设力度，对国际人才自由港产生的创意，经评估后可帮助其进行创业孵化。吸引优秀境内外有影响力的国有创投、PE、VC 等机构入驻，鼓励有关风险投资、资金信用担保等其他资金扶持，完善市场化投融资引导，提高对重点发展领域种子期、起步期的投资比例。创新“创投 + 信贷”的融资模式，形成“信、保、贷、投、证”联动。健全产权交易机制，帮助推荐国际人才自由港产生的创新成果、知识产权到上海知识产权交易中心进行交易。

（2）财政扶持。设立人才发展专项资金，按市区两级财力的适当比例予以保障，用于人才引进和后续培训等的直接扶持。对自由港人才在境内取得的收入，如达到一定标准的，可按照其个人贡献所得形成的本级财力给予 100% 的补贴。对入选国家“千人计划”和上海“千人计划”的人才，原则上个人缴纳的所得税地方部分全部返还。对在自由港进行技术创业的人才开展研发费用加计扣除、职工教育经费税前扣除试点，放宽高新技术认定条件和标准，享受相关税收优惠政策。

（3）股权激励。实施创业公司企业股权和分红激励改革试点，开展股权激励和科技成果转化奖励改革试点，对企业科技成果研发和产业化作出突出贡献的技术人员，实施以股权奖励、股权出售、股票期权等方式的股权激励和以分红激励、绩效奖励、增值权奖励等方式的分红激励。设立“代持股专项资金”，推动股权认购、代持及支持递延税收政策。同时，重视完善非股权激励形式，鼓励企业采取协议工资、项目工资、一次性奖励，允许高校科研院所科研人员获得兼职报酬。

（4）科技金融试点。鼓励和支持商业银行在自由港开展科技金融合作试点，支持设立“科技银行”，积极探索“银行 + 担保 + 额外风险补偿机制”的贷款模式，鼓励科技金融产品创新和服务模式创新。推进企业信用体系建设，发展政策性担保，加强创业贷款风险补偿机制。

（5）政府采购。建立财政性资金采购自主创新产品制度，设立首台（套）重大技术装备试验、示范项目保险补贴专项资金，建立政府引导、市场化运作的技术装备保险补偿机制，充分发挥政府采购的应用示范作用，鼓励领军人才及其创新团队在国际人才自由港研发核心自主创新产品。

（6）重大专项、重大项目。根据国家和上海市中长期科技发展规划纲要、“十二五”规划纲要等，争取国家和本市有关部门支持，将重大科技专项、战略性新兴产业项目优先布局到国际人才自由港。加大对具有核心技术和关键技术、经济增长和就业等方面极具潜力的创新创业人才企业承担重大专项、重大项目的倾斜力度。加大专项资金配套力度，按照专项资助额度给予最高比例为1∶1的配套。开展科技重大专项项目经费中列支间接费用试点，允许企业、高等院校、科研院所承担国家和本市科技重大专项项目中按照一定比例用于支付实施项目过程中发生的管理、协调、监督费用及其他无法在直接费用中列支的相关费用。

3. 特殊政策

（1）居住证和户籍政策。完善居住证制度，适当扩大申办人才类居住证范围，将急需紧缺技能人才纳入申办范围，将专业技术人才申办居住证的学历要求有条件放宽到大专。进一步落实居住证功能，实现人才居住证享有除其父母迁入政策以外的其他基本公共服务。健全以市场为导向、兼顾经济社会发展水平和综合承受能力的人才评价标准，建立急需紧缺专门人才和特殊人才的评价标准和评估认定机制，对愿意在国际人才自由港落户的国内人才，经评估后可以享受优惠的户籍政策（如居住证满3—5年转户口或直接落户）。

（2）医疗保健。加强与国内外知名医疗保健机构合作，在国际人才自由港设立高水平、专业化的医疗、体检、保健等中心，为优秀人才创造高端、优质、便捷的医疗服务。建立海外医疗保险结算平台，探索国际医疗保险境内结算机制，提高国际人才自由港的吸引力。

（3）子女入学。引入优质教育资源，提升自由港基础教育水平，满足人才子女入学需求。根据引进国际人才的需要，国家和上海支持在临港建立国际一流的国际学校，解除海外人才后顾之忧。

（4）住房保障。鼓励制定高层次人才住房补贴政策，对急需引进的海内外高层次人才，由行业主管部门或引进单位一次性给予具有相当市场竞争力的购房补贴。多渠道、多途径、多方式加快推进公共租赁房、人才公寓建设，率先开展定区域、定对象、限交易、限房价的限价商品房政策试点。

（5）土地与规划。考虑到国际人才自由港巨大的社会公益性，运作又必须是与国际接轨的、充分的市场化，需大胆创新现行的部分土地规划政策，如部分具有一定经营性土地的定向供应制度或划拨方式、土地成片储备和开发等制度，控制开发成本，为引进人才创业提供低成本的办公创业场所。同时，向市规划、土地部门争取给予一定的配套住宅指标，实现3年内建成若干中高层次人才公寓的配套要求。

参考文献

［1］《国家中长期人才规划纲要（2010—2020年）》。

[2]《上海市中长期人才发展规划纲要（2010—2020年）》。
[3] 肖贵玉、肖林、刘家平：《中国战略性新兴产业的示范引领——上海临港模式与发展战略研究》，上海人民出版社2011年版。

Study on the Development Strategy of Shanghai Free Port for International Talent

Shen Ronghua, Wu Guoyao, Jin Liping, Xu Jiancheng, Wang Yi

Abstract: To implement the national and Shanghai Medium and Long - term Plan for Human Resources Development and in compliance with talent prioritized development strategy, Shanghai puts forward to build up the first Free Port for International Talents in China with technological innovation and deepened reforms, and makes it the most welcoming place to come, the most convenient to settle, the most favorable for setting up a business, the most livable and the most attractive for international talents. This paper first analyzes the necessity and feasibility of establishing Shanghai Free Port for International Talents from the perspectives of its strategic meaning and the status quo of human resources development in Shanghai, and then elaborates on the general targets, major tasks, approaches and key policies for the free port construction.

Key words: Shanghai, Free Port for International Talents, strategy

（编辑：吴　帅）

实施人才强国战略政策框架体系研究*

刘 霞**

[摘要] 实施人才强国政策框架体系由四个基本要素构成：体系主体（政策主体）、体系对象（政策对象）、体系结构（政策结构）、体系内容（政策内容）。建设人才强国战略政策框架体系要坚持五大原则：完整性与全面性原则、统一性与协调性原则、稳定性与动态性原则、公平性与包容性原则、指导性与操作性原则。建设人才强国政策框架体系，在结构上应该做到纵向结构位阶完整，急需制定具有统领地位的“母法”；横向结构内容全面，要均衡制定各类人才政策，解决政策碎片化现象。

[关键词] 人才 政策体系 框架结构

从我国人才政策法规体系的建设上看，存在的问题突出表现为：一是立法层次较低，行政规章和规范性文件居多，法律和行政法规较少。以2000—2010年出台的人事人才政策法规为例，这一时期收录的人事人才政策法规共有1149件，其中法律所占比重很小，有15件；行政法规所占比重也不大，有20件，只占1.74%；部门规章有31件，占2.70%；三项合计有66件，占5.74%，其余皆为一般规范性文件。此外，由中共中央相关机构发布的规范性文件约有30项。① 二是立法不完备，法律法规对人才工作的覆盖不周延，有些重要方面还是空白。三是立法质量不高，很多政策法规不配套，碎片化现象较为严重，并且缺乏可操作性。四是立法不能与时俱进，没有根据社会经济发展及时进行立、改、废工作。五是立法缺乏开阔的国际视野，不能适应经济全球化和人才国际竞争的需要，个别的还和国际通行法则相悖。② 解决这些问题，需要从人才立法的框架体系建设角度予以综合规划、系统考虑，构建一个人才强国战略政策框架体系。

---

* 本文系国家社科基金重大项目《实施人才强国战略重大问题跟踪研究》（编号：10ZD&046）的阶段性成果。

** 作者系中国人事科学研究院研究员。

① 课题组根据2000—2010年人事工作文件选编和人力资源和社会保障政策法规汇编统计。

② 中央人才工作协调小组办公室、中共中央组织部人才工作局编：《〈国家中长期人才发展规划纲要（2010—2020年）〉学习辅导百问》，党建读物出版社2010年版，第205页。

一、实施人才强国战略政策框架体系标准

（一）“人才强国战略政策框架体系”界定

“人才”包含了人事与人才两方面含义。“人才强国战略”说明人才的制度政策已上升到国家战略高度，“政策”此处为泛称，包括法律、法规和一般规范性文件。“人才强国战略政策”泛指我国有关人才（包含人事）工作（人才管理工作）的法律、法规和一般规范性文件的总称。“框架体系”指一个具有某种内在联系的结构整体。人才强国战略政策框架体系指关于我国人才（包含人事）工作的“整体规则体系”，其规则包括人才工作法律、法规和一般规范性文件。从法理角度看，是指人才这个部门法的“法典体系”（法规体系）；从管理角度看，指人才工作依法行政之“法”本身的整体规则体系。在本文中，“人才强国战略政策框架体系”可以与“人才政策框架体系”或“人才法规体系”通用。

（二）人才强国战略政策框架体系构成要素

人才政策框架体系由四个基本要素构成：体系主体（政策主体）、体系对象（政策对象）、体系结构（政策结构）、体系内容（政策内容）。

1. 体系主体

体系主体或称政策主体，指政策制定的主体，换言之，也指人才政策框架体系的构建者。毫无疑义，无论从政策的制定者还是政策体系构建者来考察，人才政策框架体系的主体是政府。当然，此处的“政府”是个广义概念，包含了立法机关和行政机关，行政机关又包括具有相关立法权的行业主管部门和各级人民政府等。此外，依据我国特殊的国情，按照党管人才原则，从党的建设角度出发，党的有关组织机构也制定出台了许多规范党员干部，尤其是规范党政人才队伍的政策规则。因此，人才政策框架体系的主体还应该包括党组织的相关部门。明确主体也就是明确了这个政策体系建设的构建和执行主体。

2. 体系对象

体系对象或称政策对象，主要指体系制度的适用对象。毫无疑义，这个体系的适用对象是人才及人才工作。人才指具有一定的专业知识或专门技能，进行创造性劳动并对社会作出贡献的人，是人力资源中能力和素质较高的劳动者。从以上定义可以看出，在体系适用对象——人才及人才工作上，必须打破我国管理体制中的所有制或单位界限，打破公共部门与私营部门、国有单位与民营单位、个体与集体等人才载体的界限，从而要求这个体系的适用对象必须面向全体社会的人才（人力资源）及其工作，因此，这个体系的适用对象具有公平属性。

3. 体系结构

主要指体系的规则体系或法典体系。在我国整体法典体系中，人才政策体系属于分类

法或部门法，其纵向结构应当为四级位阶（四层效力），即法律—行政法规—规章——般规范性文件；其横向结构应当全面完整。

4. 体系内容

体系内容或称政策内容，指针对体系对象而制定的一系列政策制度。讨论政策内容必然涉及对人才及其工作对象的分类，即在人才这个部门分类法中，其中的子分类政策是何种状态。人才及其工作分类有不同的标准，现行通常使用的有：一是队伍分类法。在《国家中长期人才发展规划纲要（2010—2020年）》（以下简称《人才规划纲要》）中，采用了队伍分类法，即将我国整体人才分为六支队伍（党政人才、企业经营管理人才、专业技术人才、高技能人才、农村实用人才、社会工作人才）。二是职业分类法。职业分类法是以工作性质的同一性为基本原则，对社会职业进行系统划分与归类。1999年的《中华人民共和国职业分类大典》，将我国社会职业归入8个大类。三是环节分类法。这一分类法是在队伍分类法的基础上进行的细化，从管理工作的角度，将每支队伍均面临的共性管理环节进行归纳总结，划分为五大环节，即人才的培养开发、评价发现、选拔任用、流动配置、激励保障，然后根据这五大环节制定相关政策法规。

（三）建设人才强国战略政策框架体系指导思想与目标

建设人才强国战略政策框架体系的指导思想是：坚持科学人才观，遵循人才资源开发规律；坚持人才资源与经济社会相协调，人才管理服务经济社会发展；坚持创新制度、规范管理，提高人才工作法制化水平；坚持整体开发，激发活力，营造人人成才的制度环境。

建设人才强国战略政策框架体系的目标是：第一，建立人才辈出、人尽其才的人才资源开发机制。通过制度建设，着力培养和开发人才创新能力，加大人才的吸引力和凝聚力，做到广纳人才、才为我用，确保在国际人才竞争中立于不败之地。第二，建立科学合理、不断创新的人才管理机制。推进人才管理工作的科学化、制度化、规范化，完善人才工作体制机制，发挥制度优势，形成有利于人才发展、依法行政的法制环境。第三，建立促进有力、服务到位的人才强国战略保障机制。人才强国战略政策框架体系必须为实施人才强国战略服务，促进人才资源和经济社会发展相协调，为实施人才强国战略提供人才法制保障。

（四）建设人才强国战略政策框架体系的五大原则

1. 完整性与全面性原则

作为一个政策规则体系，从形式看，完整性或全面性是其基本要求。完整性与全面性表现在：（1）结构完整。法典体系必须要求结构完整，从国家宏观法典体系的角度看，人才政策框架体系基本上属于分类法或部门法体系，作为一个部门法或分类法的法典体系，按照《中华人民共和国立法法》有关规定，应当具有四层结构，即法律、行政法规、规章和一般规范性文件。因此，人才政策框架体系从外观上看，应当具有四层结构或四层法规位阶。(2)内容全面。作为部门法或分类法，人才政策框架体系在内容上应当涵盖人才工作的方方面面，即全方位覆盖人才工作，而不能有疏漏。凡是属于政府应当提供的人才公共政策，框架体系都应该体现，而不能缺失。经过改革开放以来30多年的法制建设，现在我国人才政策框架体系已初显成型，但仍缺乏完整性与全面性。而且随着人才工作的新内容、新任务的不断出现，人才政策法规体系所含内容也将日益丰富和多样，当然，有的过时内容也将逐步淘汰，从政策框架体系中退出。

2. 统一性与协调性原则

法规体系建设的一个基本要求是各位阶的法规政策不能相互冲突，如果发生冲突，属于不当制定，应当予以纠正。人才工作面向全体社会人才资源，涉及不同所有制、不同单位、不同人群、不同地方的人才资源，法规政策的制定面广，任务重，对其统一性和协调性的要求更高。因此，要从宏观、系统的角度考虑人才法规政策的建设，在内部结构上严格实行法制统一性原则，各个法规政策之间要有机统一、协调一致、衔接配套，做到不矛盾、不冲突。

3. 稳定性与动态性原则

法律法规具有稳定性的特点，从社会角度讲，这有利于建立次序、维护利益、服务发展；从执行部门角度讲，有利于依法行政，规范管理和服务。不过，法律法规虽然是现实的反映，但同时又相对滞后于现实，而现实总是在不断变化和发展的，因此，对一个政策法规体系来讲，一个基本要求是必须具有动态性的特点，而不是封闭或静止性的。动态性又表现为开放性，具体指对法律法规要进行不断的调整和修订、补充和新增。近10年来，我国人事人才法规政策分别在2003年、2007年、2010年先后进行了几次较大的动态调整，基本上从1990年至2010年这20年内的人事人才与社会保障规章已经作出了动态调整。

4. 公平性与包容性原则

公平性主要针对国内人才而言。人才概念涵盖了全社会人才，因此，政府人才政策要面向全社会的人才。人才政策中的某些具体措施可能有所差异，但体现在政策中的精神与价值导向不能含有歧视，要公平对待和开发每一类人才，衡量人才要不唯学历、不唯职称、不唯资历、不唯身份，人才政策和措施导向都要体现出鼓励人人作贡献、人人都可成才的价值导向。

包容性体现在：首先，从国内人才政策来讲，要处理好政策分类与政策贯通的关系。从现有情况看，我国人事人才管理以分类管理为主要特色，政策的制定和分布也主要体现出分类或分系统性，但是，在分类管理或分系统政策管理的基础上，要格外注意各类别与各系统政策之间的连接与沟通。其次，从与国际接轨角度讲，要由国内人才观拓展到全球人才观，要提高我国人才法规政策体系的开放性和竞争性，处理好与国际接轨和坚持中国特色的关系。

5. 指导性与操作性原则

人才政策法规体系只有具备了指导性与可操作性，其功能才能得到有效发挥。我国人才政策多为原则性指导，而操作性指导较少。不可操作性主要表现为：一是政策本身不具有可操作性，不实事求是；二是政策具有可行性，但缺乏每个环节的具体操作性。如果指导性不转化为操作性，政策很难发挥作用的。当然，我国从中央到地方，从主管部门到具体单位、具体人才之间，环节众多，情况多样，不可能做到一种操作方式涵盖所有解决对策，这就要求，政策的指导原则要明确，操作上可以允许部门或地方结合自身实际，有针对性地制定相应政策法规，体现部门特色、地方特色，加强其操作性。

二、实施人才强国战略政策框架体系结构建设

（一）人才强国战略政策框架体系纵向结构层次要完整

1. 人才政策框架体系规则层级（位阶层级）

根据《中华人民共和国立法法》，我国法典规则体系一般由五个层次构成，即宪法—法律—行政法规—规章——般规范性文件。作为一个部门法或分类法，人才政策框架体系应该具备四层结构。但纵观我国现有人事人才规则体系，目前虽然从形式上看，已经具备了四个层级，但却缺少一个关键性的具有统领地位的规则，即“母法”或基本法。现有的有关人才方面的法律，如公务员法、法官法、律师法、教师法等，一是属于职业人群法，其影响面和调整面较为狭窄，只针对特定职业人群的特殊性（权利与义务等）作出了调整；二是其立法层次相对统领性的“母法”层次稍低（不是由全国人民代表大会制定的，而是由全国人民代表大会常务委员会制定的）；三是其调整范围缺乏对人才共性关系的调整和规范。从国家宏观法典体系建设的角度考虑，当人事人才作为一个部门法来进行规划和建设时，会对人才带有普遍和共性的关系作出更好的调整（规范和保护），这有利于从整体上提升和规范人才的地位和权益，符合国家当下和长远的利益，也有利于社会各类人才的系统开发。

2. “法律”层次在体系中的重要作用

宪法是关于国家基本制度的法，从部门法建设的角度看，不可缺少“母法”或“基本法”。原因主要体现为两方面：其一，“母法”在整个法规体系中是仅次于宪法的二级大法，它规定和调整社会生活中某一方面带根本性的关系或重要的基本关系，是对宪法规定或原则的专门化，如果缺失它，宪法原则将难以有效实现。其二，“母法”之于一般法律、行政法规、规章、一般规范性文件而言，是一般法律、行政法规、规章和地方性法规的立法依据和基础，规定了这一部门法的立法原则和调整范围。因此，从人才部门法的建设角度看，“母法”或“基本法”将统领人才政策框架体系的精神和原则，在人才法规体系建设中发挥极为重要的作用。但遗憾的是，纵观我国现有人事人才法规体系，恰恰在极为重

要的统领环节——“母法”层面上缺少一部专门法，大量的法规政策停留在规章层面。

（二）人才强国战略政策框架体系横向结构要系统全面

人才政策框架体系的系统全面建设主要指体系的横向结构建设，也指体系中各子系统政策的内容建设（本文主要讨论中央层面的政策内容建设）。这涉及体系内容或政策内容所适用的对象问题，随之也涉及政策内容的分类。简而言之，体系的政策对象是针对人才或人才工作的，需要进行适当分类，不同类别的人才或人才工作具有相应的人才政策，这样在人才政策框架体系中便出现了人才政策的各个子系统或分系统。从现有的政策分类看，通常使用的政策分类有队伍分类政策、职业分类政策、环节分类政策等。在现实中，这三种分类的政策是同时并行、交叉存在的。本文主要采用了以队伍分类政策为主，兼顾其他分类政策的思路。

1. 队伍分类政策

主要有党政人才、企业经营管理人才、专业技术人才、高技能人才、农村实用人才、社会工作人才六支队伍。此外，根据中国特有国情，还划分出一些特殊人群，主要是高校毕业生和军队转业干部，对其进行政策专门分类。因此，从队伍分类角度，子系统政策大致有七类。

2. 职业分类政策

现行按职业划分的人才政策主要有公务员法、法官法、检察官法、教师法、医师法、律师法，以及大量涉及职业（执业）资格类的政策，这是一个开放式的政策系统。

3. 环节分类政策

在队伍分类的基础上，根据面临的共性管理环节进行划分，大致有培养开发、评价发现、选拔任用、流动配置、激励保障五大政策系统。这一类政策较多集中在公务员队伍和事业单位工作人员的管理环节政策上。

4. 其他分类政策

除了上述人才或人才工作分类系统的政策外，还有不少其他涉及人才或人才工作方面的政策类项，如人才特区政策、外籍人才政策、人才公共服务政策、人才安全政策、知识产权保护政策等，这是一个开放式的分类系统。

通过上述从纵与横两个维度的分析，我国人才政策框架体系的结构建设目标应该是纵向四级层次、横向多系统分布的结构（见图1）：

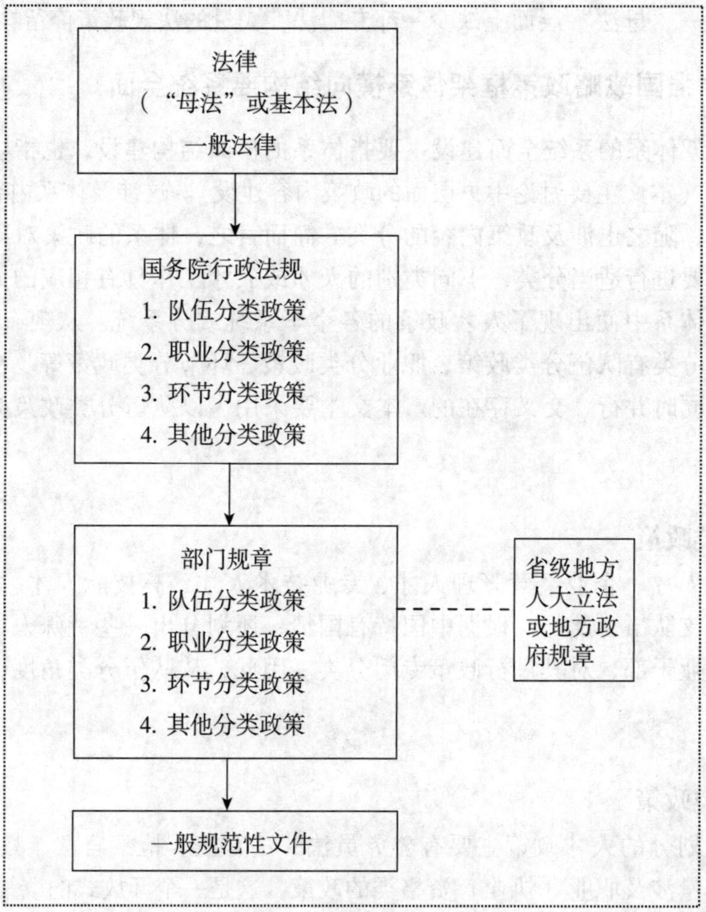

图1　人才强国战略政策框架体系结构示意图

注：省级地方人大立法和政府规章在法律上与部门规章具有同等效力，但本文所涉及法规建设主要限于中央一级政策法规，故在此以虚线表示，仅说明其法律效力与部门规章同等。

三、实施人才强国战略政策框架体系内容建设

（一）人才强国战略政策框架体系内容建设思路

我国人才政策在内容建设上一个突出的问题是碎片化现象严重，缺乏系统性和完整性，因此，需要着力完善内容，形成制度优势。人才强国战略政策框架体系的内容建设应该体现综合建设思路：

一是围绕保障人才强国战略的顺利实施，政策内容要总体体现《人才规划纲要》提出的32字指导方针，即服务发展、人才优先、以用为本、创新机制、高端引领、整体开发。这是对实施人才强国战略人才工作的总体要求，也是人才政策框架体系内容建设的核心建设思路。

二是从人才工作问题导向入手，本着急难为先的工作程序，重点解决当前我国人才发

展与我国经济社会发展需要相比还不适应的五大问题①，加快相关政策供给量，修订和完善相关政策规定，重点突破、整体解决。

三是围绕解决人才政策框架体系本身建设中存在的主要问题，进行有效规划、整体部署、分步建设，逐步完善框架体系的内容建设。

（二）“母法”（基本法）的立法

从完善框架体系结构建设和人才工作实际需要角度考虑，应当加快制定人才部门“母法”（基本法），在此暂定名为“人才促进法”,② 将其作为调整我国人才关系（人才工作）的基本法。通过该法，明确人才立法的各项原则，为其他人才立法提供立法依据和立法原则，并使我国人才政策框架体系得以完整。“人才促进法”的内容可以包括以下几方面：

（1）调整人事人才关系（工作）基本原则；
（2）人事人才立法主体；
（3）人事人才立法调整对象和关系；
（4）人才的基本权利与义务及保障；
（5）人事人才调控及管理机构；
（6）人事人才宏观调控程序；
（7）人事人才工作监督机制；
（8）人事人才工作与其他工作的关系；
（9）其他；
（10）附则。

（三）队伍分类政策建设

1. 党政人才队伍政策

近 10 年来，我国党政人才队伍的政策法规建设步伐明显加快，从 2000 年至 2010 年，仅公务员管理就出台了 127 项政策法规，基本涵盖了五大管理环节，已经初步形成了较为完备的党政人才工作政策法规体系，为加强党政干部队伍建设提供了有力的制度保证。

2. 企业经营管理人才队伍政策

从目前企业经营管理人才队伍政策分析看，一是总量不多，从 2000 年至 2010 年，出台的关于企业人事管理的政策只有 10 多项；二是出台的相关政策主要针对企业高管人群，其他层面的人群涉及较少。可见，要实现《人才规划纲要》提出的队伍建设目标和机制建

① 第一，高层次创新型人才匮乏。第二，人才创新创业能力不强。第三，人才结构和布局不尽合理。第四，人才发展体制机制障碍尚未消除。第五，人才资源开发投入不足。

② 此名源自中央人才工作协调小组办公室、中共中央组织部人才工作局编：《〈国家中长期人才发展规划纲要（2010—2020 年）〉学习辅导百问》，党建读物出版社 2010 年版，第 206 页。

设目标，现有的政策是难以满足的，因此，要加大对企业经营管理人才队伍建设的政策供给量，以确保人才强国战略和经济转型升级的需要。

3. 专业技术人才队伍政策

近10年来，我国围绕专业技术人才队伍建设出台了268项政策法规，围绕事业单位人事管理制度出台了27项政策法规，两者总计约为295项。从高层次人才队伍整体建设到留学生、海外人才、专家引进，从事业单位基本人事制度建设到人才市场化流动，从人才权益保障到知识产权保护等，这些政策较好地促进了专业技术人才队伍建设，但仍存在不足，一是仍有某些政策空白，二是不少政策需要进一步调整或完善。

4. 技能人才队伍政策

技能人才是我国人才队伍的重要组成部分，尤其是高技能人才队伍建设是今后十几年我国人才队伍建设的重大战略任务之一。从近10年的情况看，与专业技术人才队伍法规建设相比较，技能人才队伍建设的法规政策相对薄弱，主要表现为法规总量偏少、政策严重不配套。近10年来，关于职业能力建设方面出台的政策法规有64项，关于农民工工作的有8项，两者相加仅为72项，在政策总量上远低于专业技术人才政策。

5. 农村实用人才队伍政策

从目前现有法规政策建设看，总体情况较为薄弱，不能满足农村实用人才队伍建设的需要，今后需要在以下方面进行重点建设：建立健全农村实用人才评价制度；制定农村实用人才定性标准体系，重点是制定农村实用人才行业与岗位标准体系；完善农民技术职称评定制度等。

6. 社会工作专业人才队伍政策

社会工作专业人才队伍是近10年发展起来的一支人才队伍，各方面建设还处于起步阶段，法规政策建设严重不足。因此，当务之急是加大政策法规建设力度，为队伍建设提供完整的制度保障。

7. 特色人群政策

根据我国特有国情，高校毕业生就业、军队转业干部安置、西部及少数民族地区人才开发也是我国人才政策法规体系建设的重要内容之一。

8. 其他人才分类政策

包括人才特区政策、区域人才开发政策、促进人才发展的公共服务政策、人才权益保障政策、知识产权保护政策、人才移民政策、新社会组织人才发展政策、人才安全政策、人才投资优先保证的财税金融政策，等等。

当然，完善实施人才强国战略政策框架体系建设措施，一要加强立法规划，二要加强动态调整，三要加强立法民主，四是加强技术规范。

参考文献

[1] 中央人才工作协调小组办公室、中共中央组织部人才工作局编:《〈国家中长期人才发展规划纲要（2010—2020年）〉学习辅导百问》，党建读物出版社2010年版。

[2] 李维平:《人才强国——理论探索与战略研究》，中国人事出版社2011年版。

[3] 吴江等:《中国职称制度改革》，中国人事出版社2011年版。

[4] 原人事部政策法规司：《人事工作文件选编》，中国人事出版社1999—2010年出版。

[5] 人力资源和社会保障部法规司：《人力资源和社会保障政策法规汇编》，2008—2010年，中国劳动社会保障出版社。

Research on the Implementation of the Policy Framework System of Strengthening China through Human Resources Development

Liu Xia

Abstract: The policy framework system of strengthening China through human resources development is comprised of four fundamental elements: subject of the system (subject of the policy), object of the system (object of the policy), structure of the system (structure of the policy), and content of the system (content of the policy). Five principles should be obeyed when we build the policy framework system of strengthening China through human resources development, namely the coordination between completeness and comprehensiveness, the coordination between unity and compatibility, the coordination between stability and dynamism, the coordination between equity and inclusiveness, and the coordination between guidance and operability. In terms of the structure of the system, the vertical structure should have complete rankings and the commanding "parent law" is in urgent need; the horizontal structure should have comprehensive contents and various laws regarding talent work should be promulgated in a balanced manner to prevent policy fragmentation.

Key words: human resources, policy system, framework

（编辑：吴　帅）

人力资源和社会保障系统乡镇基层基本公共服务标准化指标体系探索*

翟校义**

[摘要] 基本公共服务均等化是中国政府既定的政策目标，通过推行公共服务标准化促进基本公共服务均等化已成为公认的路径选择。人力资源和社会保障系统乡镇（街道）基层服务机构，面临着基本国情、基础薄弱、编制有限等约束条件。本文认为，为更好地体现公共服务的顾客导向，在政府管理视野与公民需求视野呈现出明显不同的状况下，应选择从公共服务的消费者（公民）需求入手，构建基层基本公共服务标准化指标体系。本文由此出发，结合公共服务的基本原理，结合电子政务系统的特点，用自下而上的模式，设计出一套以基本服务项目为基础，以信息公开为推动力，以流程控制为信任源泉，以服务评价为倒逼机制的公共服务标准化指标体系以及运行指南。

[关键词] 基本公共服务　公民导向　乡镇基层　标准化　指标体系

基本公共服务的均等化是现代公共服务的基本目标，中国当前正处于社会转型期，作为公共服务核心内容之一的人力资源和社会保障基本公共服务，在地区之间、城乡之间、不同群体之间存在严重不均衡，已经引起中央政府的高度重视。中国推动基本公共服务均等化的主要措施是推行公共服务标准化。在人力资源和社会保障领域，基本公共服务标准化主要路径是中央倡导、地方推动。受到地方经济发展状况因素的制约，不同地区人力资源和社会保障基本公共服务标准化的范围、程度、水平差异明显，总体上呈现出经济发达地区优于经济欠发达地区，城市优于乡村，省、市、县优于乡镇基层的状况。各地人力资源和社会保障基本公共服务标准化的推进程度以及设定标准方面的地方化特征，导致不同地区公民享受的基本公共服务存在明显差异。乡镇政府作为中国行政区划中的基层，和公民接触最为广泛，联系最为紧密，但乡镇也是目前基本公共服务力量最薄弱的环节。如何通过基本公共服务标准化，在差异巨大的乡镇基层实现基本公共服务均等化，已经成为中国政府的当务之急。

---

* 本论文是中国人事科学研究院委托课题《人力资源和社会保障系统基本公共服务标准化指标体系研究》（YJ2011—13）部分研究成果。在写作过程中，中国政法大学潘小娟教授给予了大量指导，特此鸣谢。

** 作者系中国政法大学政治与公共管理学院行政管理系系主任，副教授。

一、公共服务标准化的一般要求

基本公共服务标准化，既涉及政府的公权力、公共财政如何为公民服务，又涉及满足具体顾客与实现社会整体利益最大化之间的关系，需要考虑公共服务的社会合理性限度。

在价值取向上，基本公共服务标准化需要遵循合法、公平公正、高效便民的基本价值取向。公共服务伴随着公权力应用，公权力目标的多元性必然渗透其中。不同目标之间的平衡，需要合法、公平公正、高效便民价值取向进行指引。

在操作原则上，基本公共服务标准化要实现自身的价值取向，需要对关键性的服务行为进行控制，即操作原则。关键性的控制集中在三个操作原则：公开、规范统一、外部需求优于内部需求。

一是公开。公开是公民对获得公共服务质量的信赖源泉，也是对公共资源分配和配置获得社会认同的技术前提和保障。

二是规范统一。顾客对公共服务的感受来自于比较，规范统一的公共服务易使顾客认识统一，减少怀疑和纠纷。

三是外部需求优于内部需求。在任何服务系统中都存在来自不同方向的两种需求，一种是来自系统外的外部需求，另一种是系统内部的部门之间以及上下级之间的内部需求。公共服务系统在面临两种不同方向的需求时，应然的选择是优先满足外部需求。作为控制公共服务质量的标准化系统，也应当如此。

二、乡镇基本公共服务标准化指标体系设计的依据和条件

（一）人力资源和社会保障系统基本公共服务的复杂性

人力资源和社会保障系统基本公共服务直接涉及社会个体基本权利和现实利益，也涉及社会整体人力资源的高效开发与使用，加上转型期的复杂性伴随其中，拥有其自身的特点：一是多元价值并存，人力资源和社会保障系统公共服务标准化至少要同时关注效率和公平两个方面，其公共服务会随着顾客的不同、具体工作不同，在效率和公平两个价值取向之间快速转移；二是主体和内容多元，中国人力资源和社会保障公共服务的提供主体和内容都呈现出多元性的特点；三是服务对象偏好差异大；四是服务性质差异明显；五是利益关系复杂；六是服务标准多层次并存；七是服务供给依靠区县、乡镇（街道）基层政府及其附属机构。

（二）基本国情决定标准

基于中国社会、经济、人口等客观状况，人力资源和社会保障系统基本公共服务标准化指标体系的制定需从基本国情出发，既不是采用经济发达地区的最高标准，也不是依照欠发达地区制订的最低标准，而是在保障公民基本权利基础上的，通盘考虑各地的不同情况，制订现实可行的标准。

（三）县乡职能分工

乡镇（街道）人力资源和社会保障办事机构公共服务的内容不能简单复制上级部门职能。它与县级政府相关职能部门的具体分工需要考虑几个方面：第一，例行性、服务半径与方便公众监督；第二，政策把握程度，对政策尺度的把握要求较高的部分，由县政府的人力资源和社会保障职能部门专业处理，而一般性的辅助性工作，由乡政府协助完成；第三，监管与审批，涉及审批与监管等直接影响当事人的利益取得，应慎重处理，建议由县职能部门或其直属的办事大厅解决。

（四）基层政府编制约束

人力资源和社会保障系统在工作任务快速增加的同时，系统内编制紧张已经成为不争的事实，在机构改革的整体背景下扩编的机会不大，这就要求各地人社系统必须通过改变工作方式方法实现法定职能。从目前的情况看，基层采取的措施主要通过“政府购买公共服务”、“服务外包”的方式来实现。

（五）信息技术条件

无论是人力资源、社会保障，还是就业，其在乡镇（街道）一级的运行需要依靠市县一级的资讯网络支持，尤其是内部数据库和办公系统的支持。将公共服务信息平台推广到乡镇（街道），是真正将公共服务标准化推行到乡镇（街道）的基础。

三、建立乡镇（街道）基本公共服务标准化指标体系的出发点

人力资源和社会保障乡镇（街道）基层基本公共服务标准化指标体系设计在结合基本国情、县乡分工、机构编制约束以及网络技术进步的同时，可以从以下几个方面推进：

（一）以阶段建设实现持续优化

基层公共服务平台建设可以分为两个阶段进行：第一阶段是建设推进期，即由政府管理主导，以公共服务平台硬件建设为主；第二阶段是系统完善期，即以公民需求主导，以完善服务为主。

（二）以分类管理应对现实差异

现阶段，人社基层公共服务平台建设完全实行统一管理尚有困难，应实事求是地根据各地区的不同发展情况，进行分类管理，发展到一定阶段后再逐步融合。

（三）以服务项目划分县乡事权

县乡两级政府人力资源与社会保障公共服务事权的划分，应当以公民需求的服务内容（服务项目）为基础，参考效率、便民、政策把握度、监督等原则，合理布局公共服务资

源，避免事权重叠导致的公共服务供给不均衡。

（四）以工作流程控制服务质量

标准的工作流程有利于提高工作效率，同时也有利于控制服务质量，人力资源与社会保障基层公共服务的流程主要包括信息咨询、办事程序、结果告知三个方面。

（五）以服务评价改善服务效益

以服务评价改善服务效益的核心是以结果评价倒逼服务过程优化，以限时服务倒逼服务机构提高服务效率，以公民评价倒逼服务行为贴近客户需求，提高服务质量。

（六）以信息公开推进社会认同

通过信息公开获得社会对人力资源和社会保障公共服务标准化的认可，同时促进公共服务的公平公正。

（七）以网络建设实现资源共享

通过建立全面覆盖、动态跟踪、联通共享、功能齐全的综合信息平台，能够提高公共服务的效度和信度，减少因信息不对称、信息不完备而引发的服务失范。

（八）以服务外包弥补编制不足

人力资源和社会保障公共服务涵盖面非常广，需要庞大的人员队伍和高额的财政支出，在政府职能转变、机构改革的大背景下，该系统编制相对紧张，而工作内容和服务范围却在扩张，民众的服务需求快速增长，目前被证明有效的应对办法是公共服务外包。

四、基层基本公共服务标准化指标体系构建的两种视角

公共服务标准化指标体系是衡量公共服务标准化的系统，该系统的建立有两种常见的视角。一种是从公共服务提供者（政府）的角度看公共服务标准化，并设立一系列指标体系推动和促进公共服务标准化；另一种是从公共服务消费者（公民）的角度看公共服务标准化，从公民的角度设立一系列指标，通过指标控制和评价公共服务系统，促进公共服务标准化。

（一）政府管理视野

1. 公共服务标准化指标体系一般构成

从政府的视角看人力资源和社会保障公共服务标准化，它更侧重在管理上，如何管理、指导下级建立公共服务系统，提供公共服务等，其指标体系的关键点围绕着以下几个方面展开：

（1）服务主体标准化指标，包括政府、社会组织、市场。

（2）服务保障标准化指标，包括服务平台、财政保障、组织保障。

（3）服务内容标准化指标，包括人力资源、社会保障、就业、劳动关系、劳动监察等。其核心在依政府法定职责“应当”向社会提供的基本公共服务部分，也包括少量按照地方特点“可以”向社会提供的公共服务。

（4）服务流程标准化指标。包括流程规范、流程公开、流程优化。其重点在于办事流程的公开透明、时间动作控制、服务界面统一。

（5）服务行为规范标准化指标。包括窗口服务行为标准化、内部管理行为标准化、外勤服务行为标准化。每一个部分又可以使用基础标准（通用标准）、服务标准、管理标准、岗位标准进行细化。

（6）服务监管标准化指标。包括服务公开、绩效管理、效能监察、道义和法律责任。该部分主要是对服务质量以及满意度的控制，主要包括投诉与救济，外部优于内部（顾客至上）、公开优先、特殊问题公共决策民主化（社会理性预防为主）等。

基于此，政府管理视野下人社系统公共服务标准化总体指标体系更侧重于管理和系统建设，其具体内容经常被转化成各种文件，各地的相关文件基本沿着这条道路在运行。

2. 乡镇（街道）基层基本公共服务内容及标准化指标

通过对政府职能进行分析和实地调查，发现人力资源和社会保障系统乡镇（街道）基层基本公共服务的内容及其评价标准化指标集中在几个领域，具体如表1所示：

表1　政府管理视野下的公共服务标准化指标体系

	政府管理视野下的乡镇基层基本公共服务工作内容	评价标准化指标
基本事务	负责辖区内人力资源和社会保障法律法规政策宣传、咨询工作	政策公开度
	建立健全各项业务基础台账	数据完整、可查
	组织、指导、协调、监督社区和行政村开展人力资源社会保障公共服务工作，组织开展人力资源社会保障相关情况调查统计	村、社区人社服务覆盖率
人力资源与就业	开展人力资源调查统计、动态管理工作，审核、上报就业登记、失业登记相关资料	数据完整、可查
	收集、发布人力资源供求信息	信息公开
	收集、发布就业信息	信息公开
	提供职业介绍、农村劳动力转移就业等服务	信息公开
	提供职业指导	信息公开
	协助开展本辖区各类人才流动和开发服务工作，了解、掌握培训需求	信息公开
	组织推荐农村各类人才参加培训活动	信息公开
	组织辖区相关人员参加职业培训、创业培训	信息公开
	组织辖区相关人员参加职业技能鉴定	信息公开
	协助开展人才智力下乡服务	信息公开
	负责社区就业岗位开发，做好公益性岗位开发管理工作，开展创建农村劳动力充分转移到镇、村（社区）活动	充分就业社区比例
	审核、上报就业困难人员认定资料，组织开展就业援助工作，协助落实就业扶持政策	流程公开、结果公开

续表

	政府管理视野下的乡镇基层基本公共服务工作内容	评价标准化指标
社会保障	协助开展各项社会保险征缴工作	协助征缴比例
	采集上报参保人员基础信息	参保人员基础信息完整比例
	开展城乡参保人员参保资料初审、登记及证卡发放等参保服务工作	参与本辖区初审、登记、发放比例
	负责城乡居民养老、医疗社会保险信息录入、查询和情况公示等日常管理工作	辖区社保信息完整程度、方便民众查询程度
	负责退休人员档案、养老等社会保险关系接收和管理	流程公开、结果公开
	配合社会保险经办机构做好辖区内企业退休人员的社会化管理服务工作	辖区企业满意度
	协助办理城乡参保人员养老待遇领取资格认证，帮助遗属申领丧葬补助和津贴，协助追缴各项冒领的社会保险金	协助完成比例； 辖区出现冒领案件比例（越低越好）
	办理、协助办理城乡参保人员相关情况公示	信息公开
劳动关系	指导和督促辖区内企业签订劳动合同和集体合同，建立职工名册，并进行劳动用工备案	信息完整、可查； 辖区企业集体合同签订率
	指导企业开展工资集体协商，监督企业落实工资指导线、最低工资标准和工资分配等制度	辖区企业最低工资达标率
	开展辖区内劳动关系协调及劳动争议排查、预防工作	完成比例
	开展劳动关系和谐企业、劳动关系和谐园区等创建工作	完成比例
	对辖区内发生的一般劳资纠纷进行初步调查、妥善处置	调查资料完整性
	指导辖区内企业劳动争议调解委员会开展争议预防和调解工作	指导调解成功比例
	劳动争议调解工作	调解成功比例
	协助仲裁巡回庭在本辖区开展仲裁审理工作	协助比例
	及时了解掌握调解协议、仲裁裁决的执行情况，督促当事人及时履行	信息完整程度
	及时报告辖区内重大、集体劳动争议	漏报比例（越低越好）
劳动监察	配合上级劳动监察机构对辖区内用人单位开展日常巡查、专项检查、年度审查和信息采集等工作，督促企业落实各项人力资源社会保障政策法规	协助配合比例
	辖区内劳动监察投诉受理	拒绝受理投诉数（越低越好）
	对违反劳动保障法律法规的重大事件，启动应急预案，及时上报，妥善处理	重大事件漏报数（越低越好）

（二）公民需求视野

1. 公共服务标准化指标体系关键点

从公民的视角看人社公共服务标准化指标体系，其内在的逻辑链条是“公民需求——政府回应——公民消费与评价”。人社系统公共服务标准化的关键在于控制如下两个方面：

第一，服务提供，包括服务内容、服务流程、服务时间区间。

第二，质量控制，包括服务质量满意度，从公民角度看，服务质量的关键是满意度评价、公开两个方面。

2. 公共服务标准化指标体系框架

从公民的角度看，人力资源和社会保障公共服务标准化指标体系的构建，应关注以下三个方面：

第一，服务内容。服务内容的标准化指标主要关注三个二级指标，分别是：代表服务具体项目的“服务项目名称”，该指标可以判断不同地方提供服务项目的差异。代表服务对象特征的“服务覆盖地区和人员”，用来判断不同对象在服务上的差异，尤其是与后边其他指标配合可以判断其是否具有合理性。代表服务可及性的“项目公开程度”，通过查看公开程度，让民众了解政府提供的人力资源和社会保障公共服务内容，避免因不知道政府能提供什么服务而无法申请获得服务，公开程度越高，公民对公共服务的了解就越多。

第二，服务流程。服务流程标准化指标主要由两个二级指标构成，分别是代表流程有效简化的“流程制度与控制”，代表流程公开透明的“流程公开程度”。

一是“流程制度与控制”，重点关注公民办事环节数、审查核实抽检率、申诉投诉听证比例三个方面。其中“公民办事环节数”，主要是通过“公民办事需要面对的窗口数”与“服务评价的满意度”两个参数进行控制，进而倒逼流程优化，与流程相关的有岗位责任制、服务承诺制、限时办结制、一次告知制、首问负责制、代理制等工作制度的优化。

“公民办事需要面对的窗口数”是一种服务承诺，由办事机构自己确定这个数字，并自己承诺实现的百分比；进而与“实际实现水平（百分比）”进行比较，这些参数可以判断服务机构自身对工作流程的要求标准，以及对该流程要求实际实现的程度。对于那些不达标的情况，再进行具体分析，改进工作流程。

工作流程既是服务环节链条，也是质量控制链条。质量控制的主要方式是各种工作的审查核实抽检，“审查核实抽检率”是工作流程控制的一个指标。

工作流程同时还是一个教育和交流的平台。一旦因工作流程出现问题而导致服务出现问题，往往找不到具体的责任人，“按文件办”导致的服务失灵是一种制度性失败。如何避免这种失败，最主要的方式就是采取听证会的方式平息纠纷，并让当事双方把自己的理由公开陈述，寻求社会合理性，在社会合理性的基础上达成共识。这种共识使工作流程不仅具有效率特性，更重要的是获得社会公众认可。

二是“流程公开程度”指标设置目的是公众在流程制度面前获得对工作的预见性，减少纠纷，是实现心态平和的基础。流程公开越多，服务提供者和服务接受者之间越容易有共同预见。同时，流程公开还可以减少服务生产与供给的神秘性，形成透明服务，减少工作人员弄权、耍官僚主义的机会。基于这种考虑，在“服务流程”一级指标也设计了“流程公开程度”二级指标。

第三，服务评价。人社系统基本公共服务标准化评价的核心是服务的效率、公平性与服务质量满意度。在公共服务评价一级指标下，有三个二级指标，分别是用来考察效率的“服务效率”、用来考察公平性的“服务结果公开”以及用来考察服务质量的“服务满意度”。

一是“服务效率”。服务效率在理论上非常复杂，从管理者角度看，即使最基本的成本收益分析也不容易测量。若从公民视角判断，“服务效率”可以相对简化，对于服务提供者内部的成本收益问题，服务对象并不关心；对于具体的、个体化的公民而言重点是“时间”，即多长时间能够得到结果。“服务效率”有三个三级指标进行衡量，分别是“承诺时限”、“承诺服务水平”和“实际服务水平”。“承诺时限”，即服务提供者的限时服务承诺，承诺多长时间完成服务，当事人能够得到结果。“承诺服务水平”，结合第一个三级指标“承诺时限”而产生的“承诺服务水平”，其主要是由服务提供者自身设置的一个标准，即有多少比重的服务要在承诺时限内完成，一般而言这个比重是一个百分比，并且其数值非常高，如澳门特别行政区民政总署的“新小贩准照之发出”服务，其“承诺时限”是5天，“承诺服务水平”是99%，即承诺99%的服务都要在5天内完成。“实际服务水平”，即有百分之几的服务在承诺的时间内完成，“实际服务水平”与“承诺服务水平”比照，即可发现服务效率。“服务效率”的三个三级指标，在不同地区和不同的服务机构之间还可以进行横向比较，可以看出他们的特点以及服务效率的高低，进而可以促进整体服务效率提高。

二是“服务结果公开”。其用来衡量服务公平性，具有监督和促进下一步服务工作优化的作用。民众更关心结果是什么，尤其在资格或资金赋予、类似于“分蛋糕”的活动中，结果是注意力集中的核心，结果公开可以减少误解。同时，在不同地区和人群中，结果公开，也可以促进更大范围的公平性，减少区域差异。

三是“服务满意度”。其主要由三个三级指标确定，第一个是“现场打分满意度”，主要是衡量具体的办事公民（顾客）对服务提供者的服务现场感受，其往往受到当时的语言、仪态、环境、流程规范化、态度等环境、情感因素影响。第二个是“电话回访满意度”，电话回访可以避免情感因素，更关注服务效果本身。第三个是“投诉率”，这是一个负向指标，主要用来显示服务质量的显著瑕疵。

3. 公共服务标准化指标体系框架表

基于以上分析，公民视角的人力资源和社会保障公共服务标准化指标体系可以用表2来表示：

表 2　公民视野下公共服务标准化指标体系

公民视野下公共服务标准化指标体系																															
人力资源和社会保障服务内容											服务流程										服务评价										
公共服务项目		覆盖区域与人员					项目公开程度				流程制度与控制					流程公开程度					服务效率			服务结果公开					服务满意度		
编号	名称	城镇	乡村	牧区	本地户籍人口	非本地户籍人口	网络可见	办公现场可见、咨询可得	公告	其他公开方式（需注明）	公民办事环节数（经历窗口）	承诺服务水平（%）	实际服务水平（%）	审查核实抽检率	申诉投诉听证比例	网络可见	办公现场可见、咨询可得	申请可得	公告	其他公开方式（需注明）	承诺时限	承诺服务水平（%）	实际服务水平（%）	网络可见	办公现场可见、咨询可得	申请可得	公告	其他公开方式（需注明）	现场打分满意率	电话回访满意率	投诉率

由于人力资源管理系统关注的重心与一般的公共服务有差异，在某种意义上是政治性的，尤其会涉及失业、就业等政治经济非常敏感的数据，对政府的社会政策有很大的影响。因此，公民视角的人力资源公共服务标准化指标体系在效率指标选项上可以选择政策价值更高的指标，如：求职人员填补空缺时间，职位空缺持续时间，及其相互关系；稳定就业人数、再就业人数、灵活就业人数，地方劳动力总人数，及其之间的比例关系；失业人员失业天数、领取失业保险或救济天数、失业人员（包括农民工）培训比例。

（三）两种指标体系的差异

1. 出发点不同

政府视野下的基本公共服务标准化指标体系构建是从职能以及实现职能角度出发，而公民视野的指标体系构建则从公民需求出发，通过政府响应，公民对服务的评价，形成服务优化链条。

2. 侧重点不同

侧重点的不同主要是一个是重管理，一个是重服务。

3. 工作内容不同

从政府推进工作的角度看基本公共服务项目，与从公民获得服务的角度看基本公共服务项目，存在明显的变化。两者不是一一对应的关系。一些民众关心的内容在政府角度看，可能就是一句话，但从民众角度看就是一个服务项目群落。一些民众甚至不会直接提出服务诉求，但从政府的角度看，却是非常重要的工作。

表3是政府与公民两个不同视角下，乡镇（街道）基层人力资源和社会保障系统基本公共服务内容对照表。

表3　乡镇（街道）基层人力资源和社会保障系统基本公共服务内容对照表

	政府视角工作内容	公民视角工作内容
基本事务	负责辖区内人力资源和社会保障法律法规政策宣传、咨询工作	人力资源和社会保障政策咨询
	建立健全各项业务基础台账	本地人社基本信息咨询； 失业登记； 失业金领取； 档案托管； 社保卡挂失
	组织、指导、协调、监督社区和行政村开展人力资源社会保障公共服务工作，组织开展人力资源社会保障相关情况调查统计	村庄、社区相关业务请求指导
人力资源与就业	开展人力资源调查统计、动态管理工作，审核、上报就业登记、失业登记相关资料	提交个人就业、失业信息； 开具申领《就业援助证》相关证明
	收集、发布人力资源供求信息	查询人力资源供求信息
	收集、发布就业信息	获取招聘信息； 求职登记； 登记招聘职位需求信息
	提供职业介绍、农村劳动力转移就业等服务	了解进城务工所需； 委托求职； 招聘登记
	提供职业指导	寻求职业指导
	协助开展本辖区各类人才流动和开发服务工作，了解、掌握培训需求	人才流动手续办理； 查询人才培训信息
	组织推荐农村各类人才参加培训活动	报名参加人才培训班
	组织辖区相关人员参加职业培训、创业培训	报名参加职业技能培训； 报名参加创业培训； 申请小额担保贷款
	组织辖区相关人员参加职业技能鉴定	职业能力测试； 申请职业技能鉴定
	协助开展人才智力下乡服务。	获取农业技术指导信息
	负责社区就业岗位开发，做好公益性岗位开发管理工作，开展创建农村劳动力充分转移到镇、村（社区）活动	了解社区公益岗位信息； 申请公益性岗位认定
	审核、上报就业困难人员认定资料，组织开展就业援助工作，协助落实就业扶持政策	申请就业援助

续表

	政府视角工作内容	公民视角工作内容
社会保障	协助开展各项社会保险征缴工作	缴纳社保金； 企业办理职工参加社会保险； 企业办理职工流出减少社会保险； 灵活就业人员续缴费； 新农保续缴费
	采集上报参保人员基础信息	查询个人社保登记信息
	开展城乡参保人员参保资料初审、登记及证卡发放等参保服务工作	领取社保卡； 灵活就业人员新参加社会保险； 办理新农保； 办理土地换保障； 转办灵活就业人员险种； 申报失业保险待遇； 申领生育待遇
	负责城乡居民养老、医疗社会保险信息录入、查询和情况公示等日常管理工作	变更养老保险信息； 变更医疗保险信息
	负责退休人员档案、养老等社会保险关系接收和管理	退休人员档案存放； 办理退休人员养老手续； 转移社会保险关系
	配合社会保险经办机构做好辖区内企业退休人员的社会化管理服务工作	企业退休人员社保办理
	协助办理城乡参保人员养老待遇领取资格认证，帮助遗属申领丧葬补助和津贴，协助追缴各项冒领的社会保险金	办理养老金资格认证； 申领丧葬补助津贴； 申领企业退休人员死亡待遇； 申领新农保人员死亡待遇
	办理、协助办理城乡参保人员相关情况公示	查询参保情况
劳动关系	指导和督促辖区内企业签订劳动合同和集体合同，建立职工名册，并进行劳动用工备案	劳动合同备案； 用工备案； 申请指导签订集体合同
	指导企业开展工资集体协商，监督企业落实工资指导线、最低工资标准和工资分配等制度	最低工资待遇不达标投诉
	开展辖区内劳动关系协调及劳动争议排查、预防工作	
	开展劳动关系和谐企业、劳动关系和谐园区等创建工作	
	对辖区内发生的一般劳资纠纷进行初步调查、妥善处置	举报或投诉劳资纠纷； 请求进行劳资调解
	指导辖区内企业劳动争议调解委员会开展争议预防和调解工作	企业申请指导劳动争议调解
	劳动争议调解工作	申请劳动争议调解
	协助仲裁巡回庭在本辖区开展仲裁审理工作	

续表

	政府视角工作内容	公民视角工作内容
	及时了解掌握调解协议、仲裁裁决的执行情况，督促当事人及时履行	
	及时报告辖区内重大、集体劳动争议	
劳动监察	配合上级劳动监察机构对辖区内用人单位开展日常巡查、专项检查、年度审查和信息采集等工作，督促企业落实各项人力资源社会保障政策法规	
	辖区内劳动监察投诉受理	劳动监察投诉
	对违反劳动保障法律法规的重大事件，启动应急预案，及时上报，妥善处理	

4. 考核标准不同

从政府视野看公共服务标准化指标体系考核更多地关注具体服务的法律依据、统一管理，以及机构、平台、人员配置。而从公民视野看公共服务标准化指标体系则是从公民对服务的评价出发倒逼公共服务优化。

五、公民需求视野下的乡镇（街道）基本公共服务标准化指标体系构建

（一）指标体系构建

将对应于政府职能的乡镇（街道）基层基本公共服务公民需求内容，作为公共服务项目，代入公民视野构建的公共服务标准化指标体系框架，可以形成乡镇（街道）基层人社公共服务机构（劳动就业与社会保障所）使用的基本公共服务标准化指标体系（见表4）。

该指标体系在实际应用中，需要注意几个方面：

（1）需要注意部分“承诺时限”是“受理”时限，而不是“提供”、“处理”的时限。

（2）表中的“公民办事环节数（经历窗口）”、“承诺服务水平（%）”、“承诺时限”、“承诺服务水平（%）”均由乡镇（街道）基层公共服务的服务提供者在服务之初（一般是当年年底对下一年度）自行承诺，并且要求将承诺公开明示。

（3）如有必要，可以将服务覆盖人群特性中的两个选项列入总表中，单独形成一个选项，这样可以发现的服务项目在户籍人口与非户籍人口中的差异。这个选项在社会转型期的流动人口管理中尤其重要。

（4）“承诺时限”选项，可根据工作需要进行调整，前文在说明人力资源的特性时，已经有所阐述。

（二）指标体系框架的核心功能

公民或管理机构可以通过观察该指标体系在不同的服务机构、不同地区，不同的承诺服

表4　乡镇基层人力资源和社会保障公共服务标准化指标体系

本区域经济特性： □ 城镇 □ 乡村 □ 牧区													覆盖人群特性： □ 只包括本地户籍　□ 包括非本地户籍													
人力资源和社会保障服务内容						服务流程										服务评价										
公共服务项目		项目公开程度				流程制度与控制					流程公开程度					服务效率			服务结果公开					服务满意度		
编号	名称	网络可见	办公现场可见、咨询可得	公告	其他公开方式（需注明）	公民办事环节数（经历窗口）	承诺服务水平（%）	实际服务水平（%）	审查核实抽检率	申诉投诉听证比例	网络可见	办公现场可见、咨询可得	申请可得	公告	其他公开方式（需注明）	承诺时限	承诺服务水平（%）	实际服务水平（%）	网络可见	办公现场可见、咨询可得	申请可得	公告	其他公开方式（需注明）	现场打分满意率	电话回访满意率	投诉率
1.	人社政策咨询																									
2.	本地人社基本信息咨询																									
3.	失业登记																									
…																										
…																										
62.	劳动监察投诉（受理）																									

务水平以及实际服务水平，不同的公开程度和方式，可以看到基层基本公共服务的差异，并能找到促进服务水平相对较低的部门进行工作优化的路径。

在全国或省级行政区域内，可以看到不同服务项目在不同经济区、不同人群、不同地方中的差异，并可以定期发布不同服务项目在不同经济区、不同行政区域的平均服务水平，找到差异，鞭策后进；也便于政府制定更符合实际的政策进行工作指引。

六、公民视野下的人力资源社会保障公共服务指标体系实施要点

（一）服务效率指标按需设置

二级指标服务效率的三级指标“承诺时限”，可以根据政策需要和现实情况，在全国整体一致的基础上进行调整，但具体目标仍由各个服务机构根据具体情况自行承诺。也可以将该指标多元化，列出所需的效率选项，但过多的选项会增加服务机构工作量。

1. 政策目标对效率选项的影响

不同的政策目标，需要不同的效率选项进行支撑，常见的补充效率选项经常发生在人力资源、就业领域。

若强调填补最大数量的人力资源市场中的空缺岗位，通常将该指标设计为：求职人员填补空缺时间，职位空缺持续时间，及其相互关系。

若强调人力资源的数据，更关注统计与管理技术，通常将指标设计为：稳定就业人数、再就业人数、灵活就业人数，地方劳动力总人数，及其之间的比例关系。

若强调失业的影响，关注失业人群，通常将指标设计为：失业人员失业天数、领取失业保险或救济天数、失业人员（包括农民工）培训比例。

若强调就业工作努力状态或就业质量，通常将指标设计为：参加技能培训在失业人群中的比例。

2. 服务项目本身的特点对效率选项的影响

从现实情况看，即使是“承诺时限”这样具有高度适用性的指标也需要调整。服务机构可以控制服务时间的服务，适合于采用限时服务的“承诺时限”进行约束。而服务机构无法控制服务时间的，盲目使用“承诺时限”进行限时服务就有失偏颇，转而应采用其他效率标准。常见的措施是将难以整体采用“承诺时限”的工作分解成多个环节，对其中可以限时服务的环节采用限时服务。

（二）服务项目增量弹性

在该指标体系中，各地可根据自身的情况，在充分尊重地方民意的基础上，可以增加提供该指标体系服务项目之外的项目。需要注意的是，新增服务项目的标准化指标体系必须采用该指标体系，同时，也必须说明新增项目不在全国范围的基本公共服务项目之内，仅仅是地方性服务项目。该措施既可以维护基本公共服务的均等化，又可以为地方提供创新空间，同时还可以维护指标体系的统一性。

（三）各地数据及时更新

1. 每月更新

各地每个月上报指标体系中服务承诺与实际完成情况及社会满意度等执行情况，汇集到中央政府门户网站，供民众浏览、比较、评论。地方主管负责人负责对民众高度关注的问题进行解释、说明。

2. 秋季说明

第三季度结束时，各地应对前三季度各个指标的情况进行总结，对于与服务承诺存在明显差距的指标进行说明，并提出补救措施，以促使提高服务承诺达成率。

3. 年末修正

在第四季度，各地应总结全年服务承诺与实际达成情况，在出现差异的地方作出公开解释和说明。同时修订下一年度的服务承诺，并公布于众。

4. 渐进循环

每月、每年进行不断地与民众沟通、修正服务承诺，最终达到一个民众理解、财政能够承受，并且相对稳定的服务水平上。

（四）各地数据集中发布

在统一的指标体系下，将各地将执行情况统一汇集到中央政府的电子政府门户网站上，供各地政府及基层人力资源和社会保障公共服务机构进行比较，寻找差距，改进工作。

（五）杜绝数字造假行为

基层基本公共服务标准化指标体系的运行是一个自下而上的系统，需要基层的真实数据作为支撑，为获得基层真实数据，运行该指标体系时不应苛求各地100%达标，况且在现实中也可能是顾客的原因导致服务者无法达标，只要数据真实，即使不是100%达标，也值得鼓励。通过时间磨合，基层将逐步形成实事求是的作风。

此外，对于未达标的情况，建议地方作出令人信服的说明，并鼓励系统内部对未达标的情况进行研究，为未来完善服务做准备。

Exploration of the Township Basic Public Service Standardization Index System of the Human Resources and the Social Security System

Zhai Xiaoyi

Abstract: The basic public service equalization is the vested target of Chinese government. It is a generally acknowledged route choice to promote basic public service equalization by implementing public service standardization. Facing the complicated national conditions, weak foundation and constrained staff allocation, in order to fully reflect the customer – oriented public service, under the circumstance of obvious difference between government management perspective and the public requirements perspective, the township service institutions of the human resources and the social security system should start with the requirements of the customer and construct the township basic public service standardization index system. Starting from the public perspective and combining the basic principles of public service and the features of electronic government system, with information publicity as the driving force, process control as trust source and service evaluation as anti – driving mechanism, this paper designs a set of public service standardization index system and its operation guides from the top – down model.

Key words: basic public service, public – orientation, the township, standardization, index system

（编辑：吴　帅）

复杂变革背景下
组织情绪能力与组织学习创新关系研究

——人力资源管理的视角*

孙　锐**

［摘要］“组织情绪”是导致组织发展壮大和组织竞争失败的双刃剑。越来越多的研究表明，在复杂变革环境下，组织情绪是提升企业竞争力的宝贵资源。传统的“情绪性工作”研究将注意力聚焦于个体或群体心理学领域，没有回答组织如何增强管理、引导和利用组织情绪的能力问题。本文在有关研究的基础上，探讨了组织情绪能力与组织学习、组织创新间的关系，分析了其中的影响机制和作用路径，进而提出下一步在中国组织背景下对组织情绪能力的实证研究建议。

［关键词］　人才资源管理　组织情绪能力　组织学习　组织创新

一、“组织情绪”是提升组织竞争力的宝贵资源

随着技术环境、市场需求和行业竞争的快速变化，组织要抓住机遇，应对挑战，实现长远的生存、发展，就需要不断进行自我更新和自我调整。在这种复杂环境背景下，推动组织学习和组织创新成为当前企业生存和持续发展的关键。Amabile（1996）曾经指出，组织中的创新和创造行为本质上是一种冒险行为，是对传统思维、行动模式和习惯势力的挑战（Van de Ven，1986），其中蕴含着个体、群体与组织因素之间的社会化交互作用过程（Amabile et al.，2005；Woodman，1993）。在这一创新过程中，除了硬件因素，一些软性因素，如“组织情绪”、“组织氛围”等也会促进或者阻碍工作场所中创新的产生。

自从 Hochschild（1983）和 Fineman（1993）对“情绪劳动”和“组织内的情绪”分别进行了开创性研究以来，“情绪”（Emotions）概念在心理学和社会学研究中获得了广泛关注。Salovey and Mayer（1990）曾将情绪定义为，一种跨越生理、认知、动机以及经验等多种子系统的有组织的心理反应。它一般由外部或内部事件所引起，并往往引发行为冲动。

---

* 本文得到国家自然科学基金项目（771172109）与教育部人文社科研究项目（10YJC630217）资助。

** 作者系中国人事科学研究院副研究员，硕士生导师。

心理学和组织行为研究表明，由于组织是由具有丰富情绪、情感的不同个体所组成的，因此“情绪”可以像作用于个体一样作用于组织（Fernandez，Claudia，2007）。情绪渗透于工作场所之中，并构成了组织生活的一部分，它会引导和支配员工群体的行为。因此，组织是一个“情绪性”场所，是工作群体酝酿、表达、控制情绪，并疏导、强化或者缓和自身情绪的途径和载体（Shlomo Hareli，2008）。凯文·汤姆森（2004）曾提出“情绪资本”的概念，并认为，组织情绪是促进企业生存、发展的基础，是培育员工工作动机，提升企业竞争力的宝贵资源。

2010 年富士康员工的跳楼自杀事件更加凸显出组织情绪对现代企业的重要影响。在富士康“十二连跳”的员工当中，最大的 24 岁，最小的只有 17 岁。期间富士康曾紧急召集员工们签署“不自杀保证”，允许员工拿印有管理层头像的沙袋出气，但是员工跳楼事件仍然猝不及防演。总裁郭台铭自述曾尝试一切办法来阻止这场“自杀瘟疫”的蔓延，但似乎都无济于事。这场悲剧将富士康推向了风口浪尖，在其暴露出的诸多问题中，最为突出的是组织情绪管理能力不足，以及由此给企业带来的灾难。在经济高速发展期，组织员工逐步沦为高速运转的经济机器上的单个零件。特别是在各种矛盾、问题不断发生的经济转型期，企业员工通常背负着超负荷的压力，而组织却没有承担起情感护理、情绪疏导的功能，让组织中的个体回归为具有喜怒哀乐的社会人。在这种条件下产生的组织情绪不良，不仅对组织的健康、和谐发展产生负面影响，也将导致员工效率低下、满意度下降、离职，进而使企业失败（Ozcelik et al.，2008；Fong，2006；Brief & Weiss，2002）。富士康员工自杀现象进一步折射出现代组织情绪管理及相关能力的必要性，这令企业管理者深思，也给人力资源和组织行为研究提出了需要深入探讨的课题。

二、组织情绪与组织情绪性工作的相关研究

Hochschild（1983）最早提出了“情绪性工作”概念，致力于探讨组织中内隐的情绪管理（The Managed Heart），并建立了初步理论框架。早期“情绪性工作”的研究，主要关注对消极结果的后效分析，研究范围也主要局限于服务业。虽然在理论上它显得比较幼稚，但为后续研究奠定了基础，其后研究的各个侧面和问题，大都可以在此找到渊源。进入 20 世纪 90 年代，随着“以人为本”理念的提出，情绪性工作研究进入兴起阶段。这一阶段的研究侧重于对情绪表达行为（The Act）、情绪工作应用策略以及情绪工作积极后效的分析（Ashforth 和 Humphrey，1993；Richards 和 Gross，1999），如 Adelinann（1995）表明，情绪性工作和幸福感正相关。这期间引入了量化研究，Monis 和 Feldman（1996），Grandey，Kru（1998）等提出了多种情绪工作结构模型，并开发了测量量表。研究对象也不再局限于服务行业，而扩展至公共管理领域，如社会工作者（Karabanow，1999）、警察（Martin，1999）等。其中，情绪智力（Emotional Intelligence）的提出（Salovey 和 Maye，1991；Goleman，1995），推动了情绪研究的进一步发展。许多学者开始探讨情绪智力对组织行为的种种影响（Mayer & Salovey，2001；Ashkanasy，et al.，2002；Chiva，2008；Cartwright，et al.，2008）。这一阶段，情绪性工作研究与组织管理的联系逐渐加强，但从整体上看，研究繁杂，没有形成独立的理论体系。

进入21世纪，随着工业和组织心理学的蓬勃发展，以及对员工人际关系的关注，情绪工作研究逐渐成为研究热点。在理论层面，Grandey（2000），Bolton（2005）等将情绪性工作概念由情绪管理层面深入到心理过程领域，由人际交往层面扩展到人际情境领域，其中产生了多种理论模型，如Brotheridge（2002）的资源守恒理论，Zapf（2002）的动作理论以及Diefendorff（2003）的控制理论等。在应用层面，逐步开展了情绪工作策略影响因素（Mikolajczak，2007；Diefendorff，2005）、情绪工作效果评估（Tsai，2002；Grandey，2005；Isenbarger，2006；Beal，2006）的研究，实用性量表构建、实验研究、纵向研究和深度访谈等方法得到了广泛应用，研究范围也拓展到情绪相关的“人际工作”行业等（Zapf，2002；Heuven和Bakker，2003；Clarke，2007）。随着组织情绪研究的深入，人们逐渐体会到，情绪是组织的重要资源，是组织活动的动力源泉。但是传统的“情绪工作”研究者将注意力聚焦于组织心理学领域个体或群体的认知层面，并没有进一步回答组织管理背景下，如何管理、引导和利用组织层面上的“情绪”问题。

三、组织能力、组织情绪能力与组织学习创新

长久以来，在强调“科学管理”和“科层管控”的组织管理背景下，组织情绪一直被视为一种非理性的、不合理的、难以充分掌握和驾驭的组织能量，因此组织情绪和组织情绪能力的研究在传统企业实践和理论研究领域一直未受重视。在外部环境日益动态化的今天，在学习、变革和创新成为企业发展主题的背景下，基于情绪的组织能力将可能成为带来组织动力的源头活水。一个组织可以通过提升其在运作流程中灌输、引导和管理人们情绪的能力，来执行特定的功能，达成特定的目的，帮助企业实现战略转变和管理延伸，推动具有特定价值的相关组织活动，如组织创新等。但是同时，由于目前我们对其形成、内容、作用机制等细节了解甚少，它也成为一种尚未充分发掘的组织战略资源之一（Huy，2005；Akgün. Ali et al.，2009）。

过去十几年中，“变化”和“变革”一直是战略管理的研究主题。以资源为基础的企业观，强调组织内部能力是获取竞争优势的源泉。相关文献指出（Huy，2005；Akgün. Ali et al.，2009），在技术（Afuah，2002）、市场（Day，1994）、研发（Deeds，2001）、文化（Bogner & Thomas，1994）以及集成（Wang et al.，2004）等基础上构成的组织内部能力会对企业生存和发展产生重要的影响。通过理论回顾，我们发现现有的组织能力研究，其基点在于强调互动模式（Fowler et al.，2000）、知识技能（Grant，1996）以及程序惯例（Nelson and Winter，1982）等，其中忽略了组织能力的“情绪”构成层面。而传统组织心理学和组织行为领域中的“情绪”研究将注意力集中于个体或群体认知层面，提出并深入探讨了个人“情绪智力”，但没有进一步分析和回答组织层面上的“情绪能力”问题。

近期，有管理学者将组织能力与组织情感、情绪联系起来，提出了组织情绪能力（Emotional Capability）概念（Huy，1999，2005）。“情绪能力”虽然不是组织能力“显而易见”的一个层面，但作为能力的重要“情感”维度，由于其嵌入内隐性的组织社会互动之中，所以它有可能是一个最难模仿、最具异质性的能力层面。Akgün等（2007，2008）和Huy（2002）的分析表明，在动态环境下，组织情绪能力与组织变革的相关过程密切相关。

Akgün 等（2007）和 Huy（2005）的前期研究表明，在动态环境下，组织情绪能力与组织变革过程，以及组织学习的某些维度相关。这为应用组织情绪能力来解释一系列组织过程和组织现象，如组织创新提供了一个新的研究视角和前提基础。组织情绪能力理论将有可能通过阐述与情绪有关的组织创新行为进程来丰富现代组织创新研究。

随着科学技术的迅猛发展、市场环境的快速变化以及组织间竞争的加剧，"创新"成为企业生存和发展的关键。因此，通过适当的组织管理实践，重塑结构体系和组织程序，不断促进组织学习，推动创新活动，已成为现代管理学研究的一个重要主题。但是，尽管人们认识到了组织学习和创新对提升企业竞争能力的重要性，学者们也在积极探索组织学习、创新的各类前因变量，然而，关于如何推动创新活动近年来组织管理领域未有理论上的较大突破。另一方面，对传统创新管理（TIM）研究文献的回顾分析表明，其中存在着一个重要缺陷，即将组织创新重要的主体——组织员工的"情绪问题"加以忽略。由于组织创新中蕴含着个体、群体与组织因素之间的社会化交互过程，在这一过程中，除去资金成本和物质条件等硬件因素外，组织情景中的一些软性因素，如组织"情绪"、"氛围"等也会作为实体变量，促进或者阻碍工作场所中创新的产生。"情绪问题"的忽略，使得一些组织创新中的微观组织行为问题难以得到深刻的解释，而一些相关研究结论也难以对企业实践提供有效的指导。

四、组织情绪能力对组织学习创新的作用机制

回顾现有文献，大多数对"创新"的探讨都集中于技术上的改进或突破上，因此，一般意义上的"创新"指技术创新。本文所讨论的"创新"也聚焦于技术创新。有研究表明，从创造性想法的提出，到新技术、新产品的开发、问世这一整体过程都与参与者的情绪密切相关（Van de Ven, 1986）。为员工提供情绪、情感表达的机会对于其踊跃提出创意具有正向效应（Perel, 2005）。某些组织任务，如创造性活动和学习过程更适宜于在一种情绪表达和讨论自由的组织环境中进行（Ashforth & Humphrey, 1995）。依据创新的多重社会领域理论（Woodman , 1993）、创造力的社会心理学（Amabile, 1988）、工作动机理论（Vroom, 1964；Locke & Latham, 1999）以及情绪社会建构理论（Fineman, 1993），组织情绪能力可以通过以下方式影响组织学习和组织创新，进而作用于组织绩效：为情绪表达和展示提供空间，引导、疏导员工情绪，推动组织内的创新行为，提高组织创造力。因为没有员工与工作内容、工作情景的情绪联系，就不会有员工工作动机、积极性和广泛参与；通过把握组织的情绪动态，协调、同化一系列不同的情绪诉求、情绪状态模式来完善组织情绪管理功能，形成有效的组织运作体系以协助技术创新；帮助管理者准确、全面地评价、认识组织内的情绪及满意度，以便及时发现、识别问题，并拿出适当的方案来疏导消极情绪、倡导积极情绪，鼓励组织内的创新活动；通过营造一种组织共享情绪来培育、引导组织内的创新行为，并对组织的技术开发活动施加影响、提供支持，最终提升企业整体创新绩效。

在组织情绪能力的作用发挥中，还可能存在着其影响组织学习和创新的作用条件和作用边界，即其中存在着中介变量和调节变量。前期研究表明，组织情绪可以通过作用于组

织学习承诺来影响企业新产品的产出（Akgün et al.，2007）。本研究认为，组织情绪能力的增强可以推动员工间的沟通、互动，加深彼此的认知和了解，确立组织共同的目标和共同的身份认知，推动跨层级的组织学习联合行动，促进组织内个体间知识的转移和整合，进而支持对新技术、新产品创意的开发、实验，进一步增强组织创新绩效。在未来的进一步研究中，将对以上观点进行实证检验和理论修正。同时，我们预期，在动态性或竞争性的环境条件下，组织情绪能力对组织学习和组织创新（行为、绩效）的影响将表现出不同模式和作用水平。

五、总结

目前国际上对组织情绪能力的研究正呈现出发展性势态，但大多数研究分析尚停留在理论探讨层面，学术界尚未形成一致、成熟的情绪能力理论框架，关于其内涵边界和内容结构等尚缺乏统一的认识，将其作为一种“实体”进行的实证研究也正处于起步阶段。虽然近期有少数专家开始关注组织情绪与组织学习、组织创新间的关系（Madjar，2008；Adler & Obstfeld，2007；Fong，2006；Amabile et al.，2005），但由于相关实证研究甚为匮乏，理论界对如何将情绪能力可操作化尚处于摸索之中，对组织情绪能力如何在技术创新中起作用所知甚少。这限制了研究者和管理人员对这一概念在组织创新背景下的深入理解，也阻碍着组织情绪能力理论在管理实践中的操作和应用。国内方面，学者们对情绪及情绪能力的研究主要集中于个体层次，有些研究者引入、介绍了“情绪资本”概念，但对组织情绪能力的研究，迄今未见相关研究报道。那么，中国环境下，组织情绪能力的具体内涵是什么如何？具有何种结构？其形成影响因素是什么？组织情绪能力对组织特定的关键活动，如组织学习和组织创新产生何种影响？二者之间的关系是否受到其他因素的条件制约？这些都是值得深入思考和急待探讨的问题。

在当前转型社会经济条件下，从组织情绪能力视角更全面、深刻地解释和分析组织创新问题，将可能为组织创新和战略管理研究开辟一条新的思路，为解释组织创新行为和组织创新绩效产生提供一个新的角度，对形成我国独特的情绪能力和组织创新理论具有重要的理论价值。而在实践上，通过大规模实证研究检验组织情绪能力的作用机制，提出适合我国组织实际的组织情绪能力构建模式和创新干预机制，研究成果将对于推动我国企业创新、改进情绪管理模式、引导企业提升整体组织管理水平，特别是创新管理水平具有重要的现实意义。

参考文献

[1] Adler P. S. and Obstfeld D.，“The Role of Affect in Creative Projects and Exploratory Search”，*Industrial and Corporate Change*，2007，16（1），pp. 19-50.

[2] Akgün A. E.，Akgün J. C.，Byrne and H. Keskin，“Organizational Intelligence：a Structuration view”，*Journal of Organizational Change Management*，2007a，20，pp. 272-289.

[3] Akgün A. E.，Keskin H.，Byrne J. “Organizational Emotional Capability，Product

and Process Innovation, and Firm Performance: An Empirical Analysis ", *Journal of Engineering and Technology Management*, 2009, 26 (3), pp. 103–130.

[4] Akgün A. E., Keskin H., Byrne J. and Selim Aren, "Emotional and Learning Capability and Their Impact on Product Innovativeness and Firm Performance", *Technovation*, 2007b, 27 (9), pp. 501–513.

[5] Amabile T., Barsade S., Mueller J., Staw B., "Affect and Creativity at Work", *Administrative Science Quarterly*, 2005, 50, pp. 367–403.

[6] Baer M. & Frese M., "Innovation is not Enough: Climates for Initiative and Psychological Safety, Process Innovations, and Firm Performance", *Journal of Organizational Behavior*, 2003 (24), pp. 45–68.

[7] Fernandez, Claudia S. P., "Emotional Intelligence in the Workplace", *Journal of Public Health Management & Practice*, 2007, 13 (1), pp. 80–82.

[8] Gary Hamel, M. J. Mol, Julian Birkinshaw, "Management Innovation", *Academy of Management Review*, 2008, 33 (4), pp. 825–845.

[9] George J. M. & Zhou J., "Understanding When Bad Moods Foster Creativity and Good Ones Don' t: The Role of Context and Clarity of Feelings", *Journal of Applied Psychology*, 2002, 87, pp. 687–697.

[10] Huy Q. H. "An Emotion – based View of Strategic Renewal", *Advances in Strategic Management*, 2005, 22, pp. 3–37.

[11] Huy Q. H. "Emotional Balancing of Organizational Continuity and Radical Change: The Contribution of Middle Managers", *Administrative Science Quarterly*, 2002, 47 (1), pp. 31–69.

[12] Jennifer M., Geore Jing Zhou, " Dual Tuning In A Supportive Context: Joint Contributions Of Positive Mood, Negative Mood, and Supervisory Behavior To Employee Creativity", *Academy of Management Journal*, 2007, 50 (3), pp. 605–622.

[13] Madjar N., Oldham G. R. & Pratt M. G., " There' s No Place Fike Home? The Contributions of Work and Nonwork Creativity Support to Employees' Creative Performance", *Academy of Management Journal*, 2002, 45, pp. 757–767.

[14] Ozcelik H., Langton N., Aldrich H., "Doing Well and Doing Good, The Relationship Between Leadership Practices that Facilitate a Positive Emotional Climate and Organizational Performance", *Journal of Managerial Psychology*, 2008, 23 (2), pp. 186–203.

[15] Shalley C., Zhou J. & Oldham, G., "The Effects of Personal and Contextual Characteristics on Creativity: Where Should We Go from Here?", *Journal of Management*, 2004 (15), pp. 933–958.

[16] Shlomo Hareli, Anat Rafaeli, "Emotion Cycles: On the Social Influence of Emotion in Organizations", *Research in Organizational Behavior*, 2008, 28, pp. 35–59.

[17] [美] 周京、克里斯蒂娜·E. 莎莉：《组织创造力研究全书》，魏昕等译，北京大学出版社2010年版。

[18] [英] 凯文·汤姆森：《情绪资本》，崔姜薇、石小亮译，当代中国出版社2004年版。

Study on the Relationship between Organizational Emotion Ability, Organizational Learning and Innovation under Complex Changing Environment —From Human Resources Management Perspective

Sun Rui

Abstract: Organizational emotion is double - edged sword leading to expansion, development or competition failure. More and more research shows that, under a complex changing environment, organizational emotion is precious resource for enhancement of enterprise's competitive power. The traditional "emotional work" research focus on the individual or group field of psychology, with no answer for guidance, management, and usage of the organizational emotion capability. In this paper, on the basis of relevant research, we discusses the relationship between organizational emotion ability, organizational learning and organization innovation; analyzes the influential mechanism and pathway, and then, put forward some suggests for empirical research on organizational emotion ability under firm's background in China.

Key words: human resources management, organizational emotion ability, organizational learning, organization innovation

（编辑：吴　帅）

团队建设中的心理安全*

[美] 艾米·C. 埃德蒙森（柳学智编译）**

［摘要］ 心理安全描述的是一种氛围，在这种氛围中人们能够自由地表达思想和感情。研究表明，心理安全能够发挥七个作用：鼓励说出来、促进思考、支持有成效的冲突、减少失败、促进创新、消除目标实现过程中的障碍、提升问责制。层级及其产生的畏惧会对心理安全产生负面影响，研究表明，低层级的团队成员通常会比高层级的成员感受到较低的安全水平。在建设心理安全的组织中，领导发挥着关键的作用，领导应该易于接近、承认当前知识的局限、愿意暴露错误、邀请参与、把失败看做学习的机会、使用直白的语言、设定明确边界、能够问责，这样能够培育心理安全的氛围。

［关键词］ 心理安全 团队建设 问责制

一、引言

在一个组织中，人们总是被别人评价着，不管是公开地还是含蓄地，是频繁地或偶尔地。当人们找寻信息或提出问题时，可能会被评价为无知；当人们承认错误或寻求帮助时，可能会被评价为能力不够；当人们指出问题或错误时，可能会被评价为挑剔；当人们提供负面反馈时，可能会被评价为捣乱。这种评价会给人以威胁，如果评价来自更有权威或更高职位的人，威胁就更为严重，当然来自同事或下属的评价也具有威胁性。

心理安全描述的是一种氛围，在这种氛围中人们能够自由地表达思想和感情。这看起来很简单，但在周围同事的密切注视下，寻求帮助或宽容错误要远比想象中困难得多。

心理安全概念始见于对组织变化的早期研究。1965 年，麻省理工学院的 Edgar Schein 教授和南加利福尼亚大学 Warren Bennis 教授提出，有必要在组织中建立心理安全，保证人们有安全感，使人们愿意变革。Schein 在后来的一篇文章中指出，当人们获得的结果与期望相矛盾时，常常会产生自我防卫或“学习焦虑”，心理安全可以帮助人们解决这些问题。

---

* 本文编译自艾米·C. 埃德蒙森（Amy C. Edmondson）的《团队建设：组织如何在知识经济中学习、创新和竞争》（Teaming：How Organizations Learn，Innovate，and Compete in the Knowledge Economy）中的第四章“为团队建设创建安全的氛围”（Making it safe to Team），本书由约翰·威利父子公司（John Wiley & Sons，Inc.）于 2012 年出版。

** 作者系哈佛商学院诺华领导力与管理学教席教授。编译者系中国人事科学研究院副院长、研究员。

他认为，心理安全可以将注意力聚焦到集体目标和问题预防上，而不是自我保护上。

从那以后，其他的研究者开始探索工作场所的心理安全问题。1990 年，波士顿大学 William Kahn 教授发表了一篇颇有影响的论文，他提出心理安全能够促进人们对工作的专注。他从组织层面研究了心理安全如何影响个体的专注程度，即“从生理上、认知上和情感上认同工作角色”，而不是“退缩和自我保护”。他进一步指出，当团队内部是信任和尊重的关系时，人们倾向于相信他们能够质疑，而质疑正是心理安全的代表性特征。

1999 年，我提出心理安全是组织层面的一个概念。我的研究表明，心理安全是团队的典型特征，而非个体的特征。在一系列涉及多个组织、行业的研究中，我发现，对于共同工作的人来说，他们对心理安全的感知是类似的。这是因为在一起工作的人感受的环境影响是一样的，他们的感知来源于共同的经历。例如，在人们讨论错误时，如果还能表现出欣赏和兴趣，那么就会自然地认为，犯错不会导致责怪，也不会被人取笑。另外，我的研究还发现，在不同部门、不同团队之间，心理安全的水平是不一样的。这意味着心理安全不是个体特征，而是组织特征，领导者可以也必须去构建心理安全。

在大多数组织中，即使是文化很强的组织，不同部门的心理安全水平也不一样。这是事实，例如，医院的不同科室，公司的不同部门，连锁餐馆的不同餐厅，心理安全水平都不一样。在某一地区公共教育系统，学校与学校之间，甚至在同一学校的班与班之间，心理安全水平都不一样。由于是一种本地现象，心理安全不是靠命令或规章制度能够建立或改变的。相反，团队领导模式和日常行为、同事间的交流等因素共同作用形成心理安全。

非正式关系在心理安全中扮演着重要角色。如果你在一个工作环境中感到心理安全，你的同事也会如此。你也许是个外向的人，可能与内向的同事一起工作，也可能与其他类型的同事一起工作。心理安全与合群性无关，它是一种自然和坦率的状态，即使面对的是不好的消息。在生产线或厨房流水线上，人们互相之间的感受与工作效率有很大关系。许多研究文献指出，相比较能力，人们通常更重视热情、信任和道德。从进化的角度看，对于我们的生存来说，一个人的态度比能力更重要。在一个团队中，如果一个人被同事认定为不热情或不值得信任，即使他有能力，人们也不太可能与他交流或互动。

二、心理安全的作用

在心理安全的环境中，人们愿意交流思想、疑问和担忧，甚至愿意接受失败，因为他们在做的过程中能够学习。在知识和实践不断变化的背景下，没有人可以在任何情境下都做到完美无缺。能够认识到这一点，有助于在工作场所中建立心理安全。当不确定性笼罩人们的思想和观点时，特别是当某些观点相互冲突时，人际间的抵制通常会减少。无论是在重要场合（病人的健康、飞机的安全、昂贵的人事变动），还是不重要场合（对某一思想观点的小的改进），这种情形都会发生。在这两种情形下，选择沉默都会阻碍组织的团队建设。

因此，在知识不断变化或工作需要合作的组织中，心理安全至关重要。研究发现，在环境因素、组织学习与团队绩效之间，工作场所中的心理安全能够发挥七个作用。

1. 鼓励说出来

当人们的行为或行动有可能产生窘迫时，常常会引起别人的关注，从而产生担忧，心理安全能够缓解这种担忧，鼓励人们说出来。

2. 促进思考

当大脑笼罩在畏惧之中，人们就不太有能力进行分析、创新和交流；相反，在心理安全的环境中，大脑能够最大限度地发挥潜能，促进明晰的思考和创造性的表达。

3. 支持有成效的冲突

在一个团队中，经常会出现意见不一致甚至冲突，如果处理不好，可能产生破坏性的后果。在心理安全的氛围中，团队成员能够自主地表达思想，进行富有成效的讨论，充分尊重各自的意见并妥善处理冲突。

4. 减少失败

当人们面临失败时，最能显现心理安全的重要性。在心理安全的氛围中，人们更容易、也更经常地报告错误、讨论错误，分析失败产生的原因，减少失败再次发生的可能。

5. 促进创新

研究发现，心理安全对创新至关重要。在心理安全的氛围中，人们不再害怕说出来，他们会尝试各种新的想法和可能性，这些有利于促进产品和服务的创新。

6. 消除目标实现过程中的障碍

社会心理学的大量研究表明，设定明确的、具有挑战性的目标，能够激发团队的努力和绩效。但是，人际畏惧阻碍这种目标的实现，因为人们会担心别人的印象和评价，不能全身心地进行合作，阻碍了团队目标的实现。在心理安全的氛围中，人们相互信任和尊重，每个团队成员都能够专注于团队目标的实现，而不必担心要自我保护。

7. 提升问责制

一个心理安全的氛围并不是一个纵容的、松懈的、没有纪律的组织氛围，而是这样一个氛围，当人们为创造和创新必须承担风险时，要感到很安全。在心理安全的氛围中，鼓励人们承担一定的人际风险，去坚持高标准、实现高目标。一个团队的人际氛围包括两个维度，一个是心理安全，另一个是问责制，如图 1 所示。问责制决定了人们坚持高标准和追求高目标的程度。

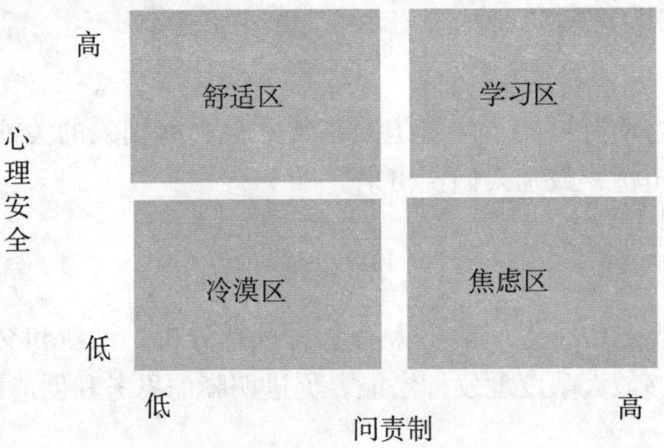

图1　心理安全与问责制①

在问责制和心理安全都高的氛围中，人们很容易相互合作，相互学习，并完成任务。这一氛围正是一些最成功的组织努力的目标。

三、层级对心理安全的影响

对于权力和层级，人们天生地敏感，在社会化的过程中还会不断地强化这种敏感。这意味着，绝大多数人对自己在权力层级中所处的位置十分清楚。在团队中，这种位置决定了人们敢冒人际风险的安全程度。研究表明，在一个团队中，处于较低层级的成员比较高层级的成员感受的心理安全要少。这使得他们在遇到不确信的事情时，不太可能与其他人检查确认，不太可能提出尖锐的问题，不太相信别人会重视他们的能力，更害怕在他们身上会发生错误。

但在实际中，较低层级者常常要寻求帮助或提供思路，团队领导要确保他们能够做到这两点。严厉的领导经常强调授权，他们也许没有意识到层级的差异所产生的畏惧，因此，可能不能保证授权信息在心理安全的环境中能够传递和接受。

这种层级畏惧不容易消除，也不容易被心理安全替代。实际上，先来者占据支配地位后，层级较低的下级就知道，自我保护就是生存。低层级者产生畏惧后，为了自我保护，会倾向隐藏自己的暂时想法，这就是他们不说出来的原因。研究表明，无论是在个体层面还是组织层面，畏惧都会阻碍集体学习。

当有权力的人先发表了权威性的讲话，这常常导致其他人作更深刻的自我审查，虽然这可能并不是最初的目的。同样地，在意见或思路的讨论中，管理者会无意中降低其他人参与的意愿。

在心理安全的环境中，参与有意义的对话，既不需要多大的勇气，也不需要额外的鼓励。作为领导者，特别是那些复杂事务的领导，有责任努力创造一种氛围，鼓励发表不同的声音。创建这种环境需要克服很多困难和挑战。心理安全是一系列人际间无形的信任，这种信任不能通过简单的管理手段来建立或改变。作为领导者，确实可以采取一些措施来

① 艾米·埃德蒙森：《知识型企业的执行模式》，《商业评论》2008年第8期。

建立心理安全，但是，要建设一个全新的、更为开放的环境，简单的授权或命令是行不通的。从理智上，领导可以支持心理安全，也可以包容各种意见，但在表明其在层级系统中的支配地位时，他们并非总能控制怒气或不提高声调。对于其他人而言，要让他们停下来，坚持自己的立场，并勇敢地说出来，这并不容易；相反地，他们钻进沉默这一安全港，这更容易，也更自然。

四、如何培育心理安全

在建设心理安全的组织中，领导，特别是中层领导，发挥着关键的作用。领导对组织文化的影响被各种研究所证实。研究表明，领导对各种事件的反应，直接影响其他成员对适合行为和安全行为的感知。很明显，拥有权力的人给出的信号，直接影响其他人提供其观点和观察的能力和意愿。在一个团队中，当面对困难和挑战时，如果其领导是支持性的、指导性的、非防卫性的，那么其成员会感到这个团队是一个安全的环境。相反，如果团队领导是专制性的、惩罚性的，那么就会降低其他人的心理安全，其结果就会阻碍他们的合作和贡献。

对心理安全的最重要影响来自直接的管理者、上司或老板，这些权威人物决定着一个团队相互交流的基调。所以，在更为开放的工作环境的建设中，他们必须成为主要推动者。要建设心理安全的工作场所，他们必须采取实际行动，这是最关键的。心理安全是通过共同经历发展起来的共同感受。任何组织、任何层级的领导都应该这样说，“我希望你来提出问题”，或者“我的门是敞开的”。但是在绝大多数情况下，这种模糊的表态不能带来显著的变化。心理安全的环境不能通过指令、指南、口号等来建立。要在实践中建立起心理安全，领导者必须付诸行动。

研究表明，通过提升心理安全，领导者可以建立有效的团队和学习型环境。研究还发现，有一系列行为和行动能够鼓励团队成员说出来，鼓励承担人际风险。领导必须表明他们尊重团队成员，特别是感谢团队成员所带来的专业知识和技能。他们要积极鼓励团队成员说出来，鼓励他们有错误就报告。只有这样做，领导者才能建立一个心理安全的环境。相反，如果领导者行为专制、不可接近或者不愿承认自己的弱点，就会使团队成员难以分享观点或检查错误。下面的一些行为和行动十分有助于建设心理安全的环境。

1. 易于接近

领导者通过个人参与，使自己易于接近，以此方式鼓励团队成员一起学习。由于有领导的参与，当团队成员遇到问题或担心的时候，他们更愿意公开地说出来。

2. 承认当前知识的局限

当团队遇到棘手的问题时，领导要公开承认没有现成的解决办法。真实地表明谦虚的态度，能够鼓励其他团队成员照样学样。看起来也许奇怪，在困难或挑战面前，很多领导不愿这么做。不是领导们没有认识到当前知识的局限，而是他们不愿提及。在不确定的环境下承认不确定性，看似一个弱点，实际上是对当前环境的理智的、准确的判断。这里隐含的意思是，希望团队成员能够提供信息和专业知识。

3. 愿意暴露错误

要建设心理安全的氛围，团队领导必须表明他们能够宽容失败，承认自己的错误是表明这种态度的最好方式。团队领导的自我暴露是公开其弱点和局限的有效方法。对其他人而言，承认错误意味着，他们的意见会得到尊重，希望他们能够积极参与。更为重要的，当管理者或上司承认他们在某一方面无知或犯下错误时，会鼓励其他团队成员也这么做。

4. 邀请参与

在一个团队或组织中，一般来讲，主动承认局限和暴露错误，意味着需要其他团队成员的积极参与，需要他们提供见解和观点。团队或组织层面的学习，依赖于能否分享个体成员所拥有的有价值的、原创性的知识。领导者必须寻找这些知识和个体成员，特别是那些基层的团队成员，他们也许不愿主动站出来。团队领导可以召开一些反思性质的会议，将工作和压力暂时抛开，让团队成员发表自己的见解和观点。在会议上，要不断地提出问题，但必须是真实的问题，不是引导性的问题或花言巧语。当团队成员相信领导和管理者确实想听他们的意见、重视他们的参与时，他们才会更加积极。

5. 把失败看做学习的机会

当人们满怀好意做了某件事情，而结果适得其反时，领导不要去惩罚他，相反，领导要鼓励大家面对错误和失败，要从建设性的、富有成效的角度去看待和处理。这样做给大家传递一种信息，失败是不可避免的，关键是要从失败中学习，让大家分享这种学习，然后再试。

6. 使用直白的语言

在组织或团队中，人们会尽量避免批评，因为担心批评会带来负作用，或者会暴露组织或团队的错误，或者会批评到领导。当不得不作出表态时，人们常常会使用间接的方式。在战略团队、新产品开发团队或其他项目团队中，常常要作出关键决策，这需要评估当前的环境，提出相关建议。在这种讨论中，大家都应该使用客观、直白的语言，但实际不是这样，人们常常会使用比喻。虽然比喻也许能够激发新观点或创造性，但有时会掩盖真实的问题，阻碍直接的讨论。其结果是，这种讨论可能持续很长时间，最后也难以转化为实际行动。

7. 设定明确边界

当某一过失行为发生时，领导越能划清责任主体，人们越能感到心理安全，相反，某一行为的边界越不明晰，人们的心理安全感就越低。这意味着在一个团队建立之初，领导就应该建立和明晰边界。在财务工作中，这意味着，在没有许可的情况下，决不能超过某一投资上限；在医院工作中，这意味着，当病人的情况或治疗有任何疑问时，决不能忽视不管。建立这种明确的限制边界，能够提升人们在边界范围内自由和表达的氛围。不管实际情况如何，在一个团队内，为人们的行动和行为设定明确的边界，能够建立一个心理安全的环境。

8. 能够问责

领导必须让大家知道，对错误行为的处理是一视同仁的。当领导惩罚甚至解雇某人时，在保密许可的情况下，必须向大家清楚地解释这样做的原因。这样能够解除大家的担心，错误行为发生前不是没有警告，这样做不是草率的。在绝大多数情况下，大家都会理解这种处罚是为了维护团队或组织的团结，使之更有效地实现其目标。进行问责是为了避免破坏心理安全，体现了公平和责任，消除了对领导专制的担心。这是心理安全和问责制对“公平文化”都很重要的原因。

五、小结

心理安全是一个社会概念，描述的是一种人际信任和相互尊重的工作氛围。当人们指出了某人的错误，或者报告了自己的错误，别人都会对此作出反应，对这种反应的信任程度，决定了人们感受到的心理安全水平。在心理安全的环境中，人们会如实表达意见和感受，进行有建设性的讨论，还会周到地进行冲突处理。在复杂任务中，由于合作和整合的需要，人们需要开放地分享思想，采取行动时不过多顾虑别人的想法，因此，有了心理安全感，团队建设就会兴盛，反之，没有心理安全感，团队建设就会衰弱。

研究表明，大部分人觉得有必要在别人面前保持良好的形象，尤其是在工作中，要想改变这种自然倾向，需要努力建设一个学习型的环境。在工作场合中，我们可能会退缩，不愿交流思想、疑问和担忧。在许多公司，组织层级及其产生的畏惧严重影响着团队建设和学习行为。由于这种畏惧，人们通常不愿参与可能有损自己形象的事情。大多数情况下，对于处于底层的人来说，与上层领导谈话，感到几乎是不可能的。有时这种状况没有什么害处。但是当团队需要统一重要专业人士的不同观点和行动时，没有心理安全就会造成严重后果。

幸运的是，研究也表明，有技巧的领导者会奖惩分明，同时还能宽容错误。也就是说，一个团队可以同时拥有高心理安全和高问责制。要做到这一点，领导者必须清晰地表明，他们在期待绩效和问责的同时，也不拒绝坏消息。

心理安全意味着在实现高绩效目标的努力中，不会有人因为错误或疑问而受到处罚或羞辱。

Psychological Safety in Teaming

Amy C. Edmondson, Translated by Liu Xuezhi

Abstract: Psychological safety describes a climate in which people feel free to express relevant thoughts and feelings. Research reveals seven specific benefits provided by psychological safety: it encourages speaking up, enables clarity of thoughts, supports productive conflict, mitigates failure, promotes innovation, removes obstacles to pursuing goals for achieving performance, and increases accountability. Hierarchy and the fear it creates negatively affect psychological safety. Research shows that lower - status team members generally feel less safe than higher - status members. Leaders play crucial roles in promoting a psychologically safe organization. To cultivate a psychologically safe environment, leaders should be accessible and approachable, acknowledge the limits of current knowledge, be willing to display fallibility, invite participation, highlight failures as learning opportunities, use direct language, set boundaries, and hold people accountable.

Key words: psychological safety, teaming, accountability

（编辑：吴　帅）

·书　讯·

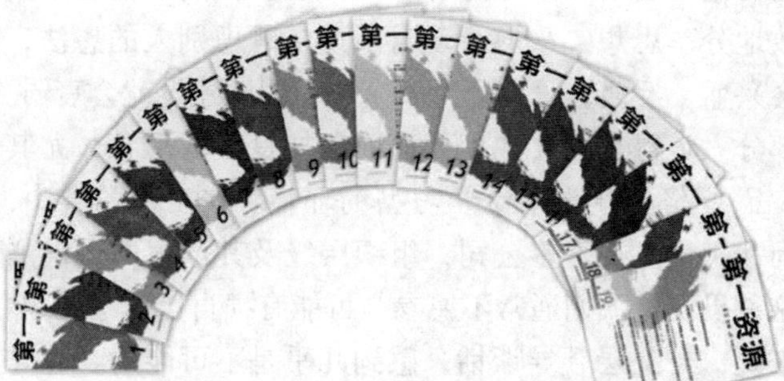

“人才是我国经济社会发展的第一资源。”为推动人才资源开发、人力资源管理的理论和实践创新，中国人事科学研究院编写了《第一资源》（1—20 辑）。该书分为战略论坛、管理创新、理论思考、改革热点、国际比较和百家论坛等专题，汇集国内名家并直接刊登国外专家学者最新论述，内容涵盖人才资源开发和人力资源管理及相关领域的深度理论研究和专题调研成果，力求具有权威性、专业性和前瞻性，旨在为业内专家、组织人事部门及有关人员提供一个学习交流、研究探讨的最佳平台。2011 年底，《第一资源》入选中文社会科学引文索引（CSSCI）来源集刊，自第 17 辑起全新改版为两月一辑，更加注重吸收人才工作管理经验，拓展人才学科国际视野。

《第一资源》每辑 20 万字左右，16 开本，平装，每册定价 30.00 元，党建读物出版社出版。

美国联邦政府改革的新动向及其启示

郭玉贵*

［摘要］ 美国早年建立和形成的联邦政府行政结构经过约200年的运行和调整，总体上适应美国社会各个时期的发展，并成功将美国打造成当今世界最富有、最有活力的超级强国。然而，当历史发展到20世纪末，随着美国社会的发展和变化、尤其是面对全球化背景下知识经济时代的挑战，美国现行联邦政府行政体制就暴露出一系列不适应的症状，严重影响了美国的国际地位和全球竞争力。有鉴于此，近年美国朝野呼吁对政府行政结构进行改革和重组，建议组建一个新的内阁级部委——“竞争力部”，以应对全球化的竞争，确保美国在21世纪的世界强国地位和国际竞争力。本文对美国拟组建的新的内阁级“竞争力部”的背景、意义、框架、结构、涵盖的领域和职能以及创新的运行理念与设计进行了初步的介绍和分析，期望对我国的行政管理体制改革与创新有所借鉴。

［关键词］ 竞争力部　行政结构　联邦政府　统一申请项目

每个国家的行政管理体制都与其所处的特定时代的经济、政治和社会环境相适应。然而，以知识经济为特征的全球化进程的迅猛发展，促使各国积极进行行政体制的改革和创新。遵循行政管理的一般规律，积极借鉴世界各国公共行政改革的有益经验和通行做法，有益于我国的行政管理体制改革与创新。鉴于此，我们对近期美国联邦政府改革行政体制的设想与动向予以介绍与剖析，以期对我国有所借鉴。

一、美国联邦政府治国方略与行政体制改革的酝酿与设计

美国早年建立和形成的联邦政府行政结构经过约200年的运行和调整，总体上适应美国经济、政治和社会各个时期的发展，并成功将美国打造成当今世界最富有、最有活力的超级强国。然而，当历史发展到20世纪末，随着美国国内社会的发展和变化、尤其是面对全球化背景下知识经济时代的挑战，美国现行联邦政府行政管理体制就暴露出一系列不适应的症状，严重影响了美国的国际地位和全球竞争力。近十多年来，美国面临了恐怖主义、金融危机、高失业率、贸易下滑、财政赤字、基础设施破旧、科技和教育质量的滑坡等诸

* 作者系北京师范大学中国教育政策研究院“985工程”特聘教授，美国亚洲文化学院国际教育研究中心主任，国际与比较教育学博士。

多危机，严重影响了美国在世界上的领先地位与全球竞争力。由此，美国朝野上下均强烈呼吁对美国联邦政府的现行治国方略和行政管理体制进行根本的改革与创新。针对上述状况与危机，美国各界的改革呼吁集中于两个方面：一是强调美国联邦政府顶层决策过程的协调性和一致性，据此制定出新的、长远的国家经济发展战略规划，确保全民共享的繁荣；二是为确保上述国家发展战略规划的推行与实现，必须对美国联邦政府的现行行政结构进行改革与重组。

（一）制定新的、长远的国家经济发展战略规划

放眼世界，包括发达国家和发展中国家在内的许多国家，在当今时代，都或多或少、程度不同地面临着上述挑战和危机。与美国不同的是，许多国家的政府均能主动采取应对措施，经过一系列民间建议与辩论后，在中央政府层面提出国家的经济发展战略。而在经济自由主义的大本营，美国社会极端崇信自由市场经济、反对国家对经济活动的干预。由此，美国联邦政府的现行行政体制往往无法像其他国家那样对经济政策进行及时和有效地干预，从而严重影响了经济全球化时代美国的国际竞争力。

近年来，由次贷金融危机引起的一系列经济困境，使得重振美国国家经济竞争力的重要性更为迫切。奥巴马尚在竞选总统期间的2008年6月，就美国如何应对经济全球化的挑战，在国家发展愿景中明确提出，“要为美国的未来制定涵盖教育、能源、创新、基础设施、公平贸易等竞争力议程”。奥巴马胜选后，上任第二天即发布了一个总统备忘录，责令联邦政府各部委和机构的行政首长实施改革，建立透明和公开的政府，加强政府的效率与协调。在随后的三年多执政期间，奥巴马又通过发布总统备忘录、国情咨文、演讲等形式多次予以强调和呼吁，尤其是2012年1月13日，正式提出了一份发挥联邦政府制定国家长远经济发展战略作用的规划，并据此推动联邦政府结构的改革与重组计划，旨在确保美国在21世纪的全球竞争力。

鉴于美国政府崇尚经济自由主义，缺少政府主导制定国家长远经济发展战略规划和经济监管的传统，故这次美国政府走出国门去取经。2010年美国专家陆续考察了日本、英国、法国、德国、瑞典、印度、新加坡、澳大利亚等20多个国家。考察结果发现：虽然这些国家在具体做法上有异有同，但有相当一些国家的政府在制定国家长期经济竞争力计划方面比美国做得更为明确；虽然并不是所有这些国家都将应对竞争力的政策制定责任集中由某一个部委牵头负责，但相较而言，美国联邦政府的相应决策部门最为分散、重叠、交叉、多头管理和各自为政，缺乏有效的统筹协调。根据考察结果，专家们建议奥巴马总统应发布总统行政命令，建立以下机构：

由美国国家科学院建立一个独立的评判小组，其任务是从各种渠道收集资料和信息，每四年发布一份竞争力评估报告，以确定国家长期面对的竞争力挑战和机会。

由总统每两年制定一份总统竞争力战略计划，确定总统的竞争力议程与政策重点，以引起内阁部委首长的关注。

建立一个由国家经济委员会专设的副主任领导的跨机构竞争力工作小组，专门负责撰写每两年一次的白宫竞争力战略计划，监测白宫对各种竞争力计划的协调，以及监督各联

邦机构的执行情况。

组建一个由劳工领袖、学者和其他专家组成的总统竞争力顾问小组，帮助联邦政府制定详细的相关政策。

为克服目前关键竞争力职能分散在各个联邦政府机构的弊端，由总统吁请上面第一条中所建议的美国国家科学院的独立评判小组进行有关改革和重组美国联邦政府结构的可行性研究和评估。

从以上介绍与分析中我们可看出，属于美国民主党派的奥巴马总统当政以来，迫于美国国内外的一系列经济危机和全球竞争力的挑战，借鉴某些国家的经验，开始修正极端经济自由主义理念，适当采用国家机器干预市场经济的政策。其政策走向与发展趋势主要有两点：一是主张在联邦政府层面主导制定长远的国家经济发展战略规划，确保全民共享繁荣；二是为确保上述国家发展战略规划的推行与实现，对美国联邦政府的现行行政结构进行实质性的改革与重组。

（二）改革与重组联邦政府现行行政结构，组建新的内阁级“竞争力部”

对于改革和重组现行美国联邦政府行政管理结构，使美国联邦政府机构更为精简、高效和创新，美国朝野已讨论和酝酿多年，也有相当的共识，即认为美国联邦政府现行行政管理结构基本上是在19世纪和20世纪形成的，已不能适应21世纪全球化知识经济时代的要求。用奥巴马2011年1月发表的总统备忘录中的话说，就是“通过对政府的重组，将一个仍停留在黑白电视机时代的政府转变为能确保美国全球竞争力的iPad时代的政府”。

事实上，早在10年前美国就对联邦政府机构进行了改革。在“911”恐怖袭击后的第二年，即2002年11月，美国国会将分散在22个联邦政府部委和机构中负有国土安全、移民、海岸、边境、海关安全等管理职能的部门整合在一起，成立了一个内阁级的新部委——美国国土安全部。美国国土安全部之所以能在“911”恐怖袭击后短短一年成立，除了有国家安全的迫切压力外，与国家安全事务历来是由美国联邦政府管辖的领域直接有关。而要对负有国家经济与贸易职能的有关联邦政府机构进行改革与重组，对于历来不直接干预市场经济的美国联邦政府，争议和阻力就要大得多。

近年来，美国联邦政府一方面面临着由于金融危机导致的财政紧缩困境，另一方面更为迫切地希望增强美国经济竞争力。为解决这对矛盾，奥巴马政府开始加快改革与重组联邦政府结构的计划。这次首当其冲的改革对象是负有国家经济与贸易职能的商务部和负有类似职能的其他有关联邦部委和机构下属的相关部门。根据奥巴马总统的有关指示与《2010年美国竞争力法案重新授权》的精神，美国民间知名智库“美国进步中心”在联邦政府的支持下，于2011年春季广邀众多专家与前政府官员就未来10年美国国家的创新与竞争力战略召开了两天研讨会，在此基础上组建了一个班子，经过近一年的努力，于2012年1月推出了七篇内容广泛的不同专题的系列改革报告。其中一篇题为《重新加固联邦政府的竞争力》的报告，明确提出建立一个新的内阁级的“竞争力部”，以应对全球化的竞争，确保美国在21世纪的世界强国地位和国际竞争力。

长期以来，美国联邦政府设立有众多的资助项目，向企业、教育机构、非营利组织和地方政府提供各种资金、贷款、信贷扩增，金融和技术方面的支持，用以创设与科技和经济竞争力有关的工作机会的活动。目前这些联邦政府的资助项目共有3000多个，由分散在包括经济发展局、就业与培训管理局、小企业管理局、住房与城市发展部、农业部以及其他一批联邦政府机构的职能部门管理。除了这些联邦政府的资助项目外，涉及国家经济竞争力的其他一些联邦政府职能，包括与工商业的合同、规则框架等，也同样分散在各个联邦政府的部委和机构。

这种过于分散、职能重叠、权责脱节、多头管理、各自为政，缺乏有效的统筹协调的现行联邦政府行政结构必然臃肿、低效和缺乏竞争力。尤其严重的是，没有统一协调的大量联邦政府的资助项目缺少一个总的战略远景，无法产生出高效与创新的能量，也无法提高美国的经济竞争力。

例如，一位创业者要将自己的一个新理念转化为商业成果，他可能要在某一个地区开设一家小型公司，据此创造就业机会。按照目前的规定，这位创业者可能有资格申请多达一打的分布在不同联邦政府机构中的资助项目。然而，如果跨部门地一个一个去分别申请，其费时费劲的难度足以使人望而却步。这样就极大地抑制了联邦政府行政职能的效率，也抑制了企业家的创业动力和积极性，最终影响到国家的竞争力。而这种现象又恰恰发生在经济学家一致公认的——创新（包括新技术、产品、生产流程以及创建的产业）对国家整体经济增长的贡献度高达50%—80%的美国，显然，创新早已成为推动美国经济增长的强有力引擎。美国之所以能在20世纪雄踞全球领先地位，靠的就是创新。遗憾的是，由于各种原因，这一领先地位近年来正在逐步削弱。

二、拟新建的“竞争力部”的机构与职能

基于上述判断和共识，《重新加固联邦政府的竞争力》报告建议将负有贸易、经济、技术以及劳动力发展有关职能的联邦政府部委和机构进行重组和整合。其基本改革方案是成立一个内阁级的新部委，名称即为“竞争力部”，统管贸易、技术、经济增长和劳动力发展四大领域，将目前分散在联邦政府各个部门的涉及该四大领域的3000多个联邦政府资助项目全部集中在新建的竞争力部内，同时，也将目前这些部门相应的管理职能一并转入新建的竞争力部，由其统管。拟新建的竞争力部的具体架构与职能参见图1。

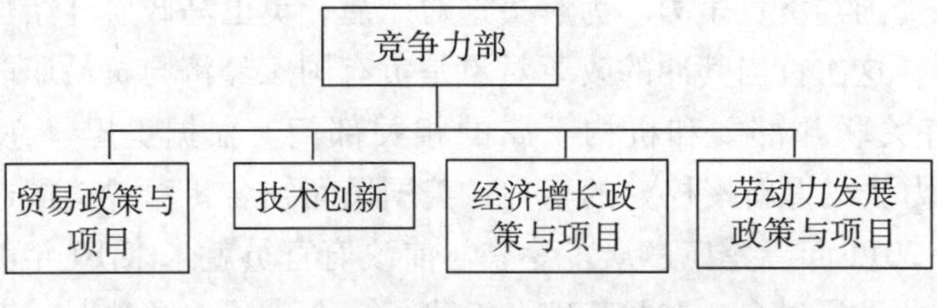

图1　拟新建的竞争力部的架构

根据改革方案的设想，新的竞争力部主要在现有的商务部和小企业管理局两个联邦政府部门的职能基础上建立起来，同时也把其他部门与贸易、技术、经济增长和劳动力发展有关的职能融入进来，由此可有效地提升经济竞争力，从而更有效地履行职能：协调规则

的执行；制定联邦政府的政策和管理决定；为中小企业、产业界和公共实体提供贷款、资金、出口、技术、咨询以及其他类型的资助项目；直接与私营部门签订合约。一旦建立新的竞争力部，将取代现有的商务部，现有的商务部将撤销。从战略上看，这种统合管理将有以下好处：

将相关的政府职能集中和整合在一起，有助于提高效能；

将平时必须合作与互动的企业、大学和其他经济参与者与联邦政府官员、规则制定者和项目官员这两方面人员合理融合在一起；

提高了现有的资金、贷款、技术及其他资助项目的透明度和公开度；

将具有在一些地区或部门共同进行经济发展目标的企业、大学、发明家、投资者、社区领袖和地区经济发展组织的合力作用发挥出来；

可以在影响竞争力的四大相关领域——贸易、技术、经济增长和劳动力发展——之间更有效地运用现有的互补政策和手段。

图 2 说明了拟新建的竞争力部主要职能。由于新的竞争力部融合了各部委的许多职能，无论是规模，还是基于其职能的内聚力，新的内阁级的竞争力部将会在联邦政府的行政体系中拥有更多权限。其职能分别为：部长统管全局；美国贸易代表兼任第一副部长，分管贸易和竞争力；第二副部长的角色类似于企业的首席运营官，主要负责统一申请项目的管理；而下一层的贸易、技术、经济增长和劳动力发展四个职能分别由四位助理部长负责和监管。在新的竞争力部内再设立一个政策与战略办公室，根据四个职能部门的工作情况，负责每两年撰写一份有关国家创新与竞争力战略的报告。下文分别介绍竞争力部下设的贸易、技术、经济增长和劳动力发展四个职能部门的情况。

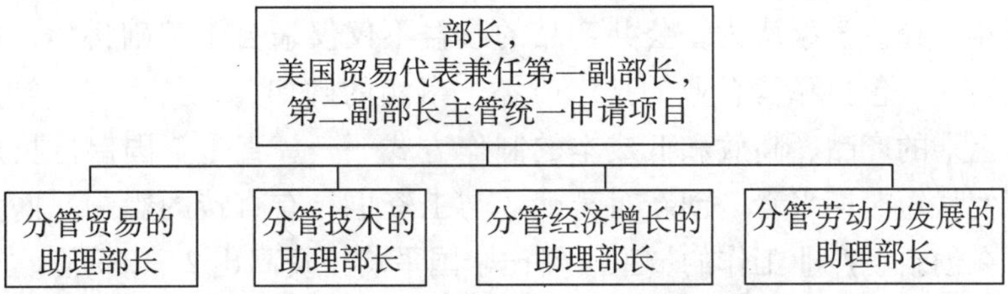

图 2　拟新建的竞争力部的职能

（一）贸易职能部门

图 3 说明了新的竞争力部内负责贸易的助理部长办公室的职能分工。一个国家的对外贸易主要由不可分割的三部分组成：贸易谈判、贸易政策和出口产品。只有把这三种职能集中在一个机构，才能发挥最大的效能。而美国恰恰与此相反，目前有多达七个以上的联邦政府机构分别承担与贸易有关的职能，每年在这些项目上花费约 500 亿美元。这些联邦机构有：美国贸易代表办公室、国际贸易管理局、国务院下属的几个贸易局、工业与安全局、美国进出口银行、美国贸易与发展机构、海外私营投资公司等。

对于历来主张推行全球贸易的美国来说，贸易对美国国家经济具有极其重要的作用。而这种分散、重叠、低效的贸易管理体制极大地抑制了美国的对外贸易。例如，2010 年美

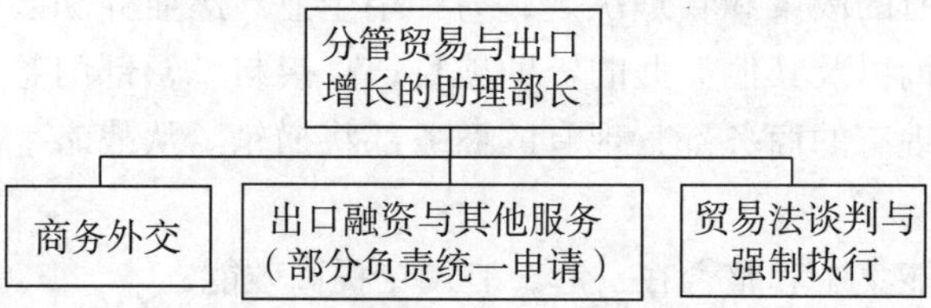

图3　分管贸易的助理部长办公室职能

国出口总额为1.3万亿美元，而进口总额却高达1.9万亿美元，贸易赤字高达6000亿美元，每年足足将美国的国内生产总值总量拿掉0.6个百分点。难怪奥巴马宣布要在五年内将美国的出口总额增长一倍。

在当今的全球化知识经济时代，对外贸易的成功必须要有多方面、多部门、多因素的协调与配合。例如，在履行贸易职能时，将与此有关的技术、人力培训和经济增长结合在一起，将使竞争力部更易于将贸易作为手段推动技术创新、就业增长和美国产业竞争力。而注重基于创新推动的经济增长确保新的技术以及产生这些新技术的企业进入更大的市场。提供贸易资助将帮助各种规模的企业竞争全球市场份额、出售更多的产品、雇用更多的工人。根据上述需求，将分管贸易的助理部长办公室的职能分为三大块：贸易谈判、对走向海外的企业提供资助、强制执行法规。

（二）技术创新职能部门

图4说明了新的竞争力部内负责技术创新的助理部长办公室的职能分工。美国建国以来长期将科学作为国家的公共产品，因此，多年来国家有对基础科学研究提供公共投资的惯例。然而近年来经济学家认为，公共产品的收益不仅仅来自于基础科学，也来自于更为广泛的技术创新——包括私营企业的技术收益。事实的确如此，技术——包括拥有新的生产过程、质量上乘的产品、高效和低成本的制作方式——一直是美国保持长期经济增长的核心秘诀。即使从短时期来看，创新对于就业与工资也具有直接的影响。据美国商务部报告，近年来，在创新型产业工作的员工工资比全国平均工资高出2—2.5倍。

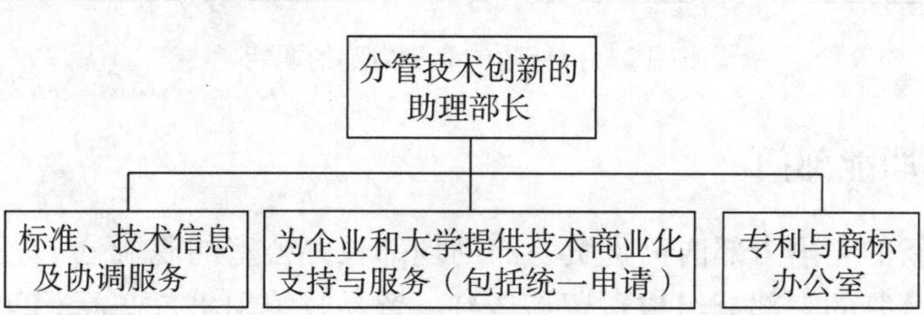

图4　分管技术创新的助理部长办公室职能

鉴于技术对创造就业的重要性，国家经济有必要制定以创新为目标的更为协调的联邦政府战略政策。这种政策应该建立在美国已有的研究与开发、创业精神、机会及地区经济发展的强势基础上。而由国家公共资助的创新主要包含三大类：基础实验科学研究；针对某些特定技术的应用研究与开发，主要解决能源、卫生、国防等特定领域的挑战；主要为制造业、信息技术、先进基础设施等其他产业构建总的平台的技术，用以支撑多个或所有产业的发展。

虽然上述第三类技术具有支撑其他所有产业并提供基础设施平台的关键作用，美国联邦政府却没有专门集中的机构统领。目前为研究、开发、科技成果商业化提供服务的职能至少分散在五家联邦机构中，它们是商务部下属的国家标准与技术研究院、制造业扩展伙伴项目、国家技术信息服务处、专利与商标办公室和小型企业管理局下属的小型企业创新研究项目。如将这些分散的部门职能集中置于负责技术创新的助理部长办公室，将有利于形成国家的创新生态机制。

根据美国小型企业出口协会的统计报告，仅是从事尖端技术创新的美国中小企业，每年的出口即占到出口总额的30%以上。因此，为服务好中小企业，资助它们形成和发挥创新潜力，负责技术创新的助理部长办公室加强了这方面职能。在当今世界，大学与企业的合作能推动各地区的技术创新。大学与企业开始合作的第一步往往就是找联邦政府申请某个专利，但遗憾的是，根据现行的法律规定，专利申请过程要花费三年甚至更多的时间，这种时间拖延对于创新是一种发展瓶颈。此外，也没有一个部门将专利申请者或新专利的拥有者与其他联邦政府的有关服务部门进行联系和沟通，以便帮助他们将技术引向市场。中小企业除了利用它们的技术打开市场外，资金也是必不可缺的条件，同时还需要当地的技术劳工，只有联邦政府提供这些方面尽可能充分的支持和服务后，中小企业才能占领国内和国外市场。因此，为企业和大学提供综合的技术商业化支持、服务与专利申请和应用，就成为负责技术创新的助理部长办公室的主要职能。

（三）经济增长职能部门

图5介绍了新的竞争力部内负责经济增长的助理部长办公室的职能分工。美国这个国家是由无数个呈点状的星罗棋布地分布于全国的社区组成的。但是，一方面，由于缺少专业技能、资金及信心，许多社区没有最大限度地发挥出它们的潜力，另一方面，各政府部门和投资者也要旷日持久、费力地寻找合适的社区，以帮助它们充分地发挥资金的效用。要确保就业持续增长、地区保持活力、进而促进国家的竞争力，关键是要确保全国每个社区能得到充分发展，因此需要将经济增长作为新设的竞争力部的职能。

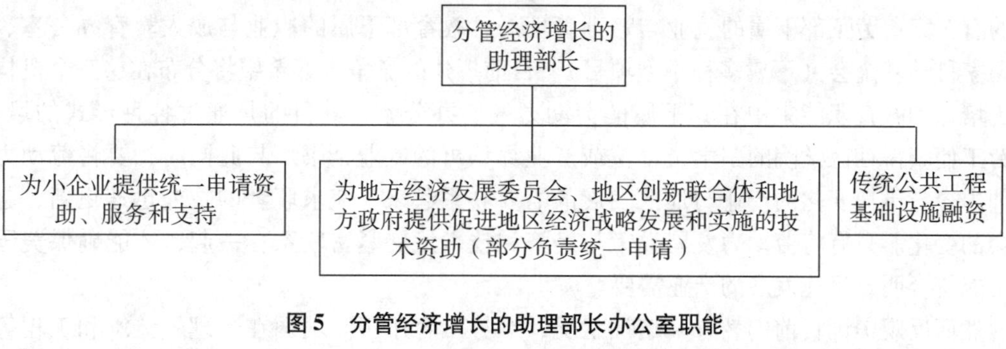

图5　分管经济增长的助理部长办公室职能

根据现行的联邦政府结构，联邦政府设立了许多资助项目，帮助那些有想法，但缺少必要资源和专业技能的社区和中小企业去实现目标。遗憾的是，这些资助项目同样也是分散在各个联邦政府的部委和机构，它们分别是商务部下属的经济发展局、少数族裔商务发展管理局、国家电信和信息管理局，退伍军人事务部下属的退伍军人企业中心，农业部下属的农村发展部、宽带计划项目，住房与城市发展部下属的社区规划与发展，国防部下属的经济适应办公室、小型企业管理局等。如果仔细搜寻一下，全国有几千个不同类型的资助社区经济发展的项目。同样的道理是，由于它们分散在众多的机构，要一个一个地去申请，既费时，又费力。有些项目甚至未适当公布，故许多有资格申请的社区与中小企业根本不知道。

因此，最后的解决办法就是进行政府机构改革。这次在新的竞争力部内设立分管经济增长的助理部长办公室，其目的：一是将分散在各联邦部委和机构的负责区域发展和中小企业发展的管理职能集中在一起，以提高联邦政府的行政效率；二是用先进的、自下而上的创新推动发展方式取代过时的经济发展思维。

（四）劳动力发展职能部门

图 6 介绍了新的竞争力部内负责劳动力发展的助理部长办公室的职能分工。首先必须明确，不管是实验室的研究员，或是在生产流水线上的操作工，或是企业董事，还是商店的售货员，他们都是推动创新、经济发展和国家竞争力成员。缺少有技能、富有创造力和高效率的劳工的企业，不可能研发、设计和制造出能推动经济增长的产品和占有市场。因此，一个地区的竞争力完全取决于是否有足够的高质量劳工。

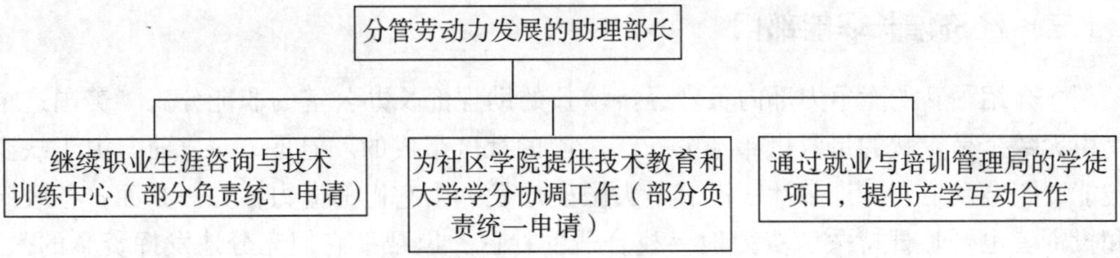

图 6　分管劳动力发展的助理部长办公室职能

当然，美国联邦政府一直有许多机构资助各州和地方的劳动力培训和发展。其中最主要的有三家：劳工部下属的就业与培训管理局、教育部下属的职业与成人教育办公室、美国国家科学基金会（下属多种小型项目）。目前拟建的竞争力部希望将分布在这三个机构的劳工培训和教育职能集中在其下属的劳动力发展办公室，其目的是通过各种形式的培训，使劳工们获得社区学院的副学士学位或产业界认可的专业证书。与此同时，要将劳动力的培训内容与迅速变化的产业与地区发展的需要联系起来，使求职者的技能迅速更新，赶上社会的变化。只有将劳动力发展政策与经济和技术发展紧密联系在一起，才能确保美国的劳工能符合明日迅速发展的产业需要。

然而反观美国目前的教育和培训状况，形势不容乐观。美国在数理、技术和工程等关键学科领域面临着从小学到中学所有教育层次的巨大差距。美国国民教育和劳动力培训中的瓶颈现象无法适应以知识经济推动的全球产业进程。要解决这个问题，不仅要花巨大努力提高中小学的数理、技术和工程等学科成绩，还要花更多力量对现有劳动力进行培训，以确保他们能适应美国高科技企业的工作要求。

应该说，作为负责劳动力培训和发展的主要部门，美国劳工部近年来也启动和资助了许多培训和教育项目。其中，劳工部下属的贸易适应资助项目为降低国际贸易问题对社区产生的不利影响，拨出18亿美元经费，为各州的劳动力提供技能培训和资源，帮助受国际贸易影响的失业者重新就业。但是，根据现行的法律规定，这些为各地区提供的培训和资源没有仔细考虑现有地区创新和经济发展的战略。由此，这些项目剥夺了劳工和培训机构有效设计适合地区产业发展的课程的机会。当然，不仅是这些项目的问题，新的竞争力部应该将所有的劳工培训项目与地区的经济发展和创新予以协调，这样的战略设计将会有助于确保劳工培训、职业生涯咨询和技术培训能符合特定地区和特定产业的需求。

三、拟建竞争力部对联邦政府资助项目申请流程的再造

如前所述，现有联邦政府对有关贸易、经济、技术和劳动力发展的资助职能分别由众多部委和机构负责，由于分散、重叠、交叉、多头管理和各自为政，缺乏有效的统筹协调，每年多达3000多个联邦政府资助项目既没有及时提供给所需要的对象，也没有产生应有的效益，更没有充分帮助美国的企业和地区创新和促进国家的竞争力。图7显示了这种混沌、重叠、交叉、缺乏协调的现有联邦政府资助体系的现状。

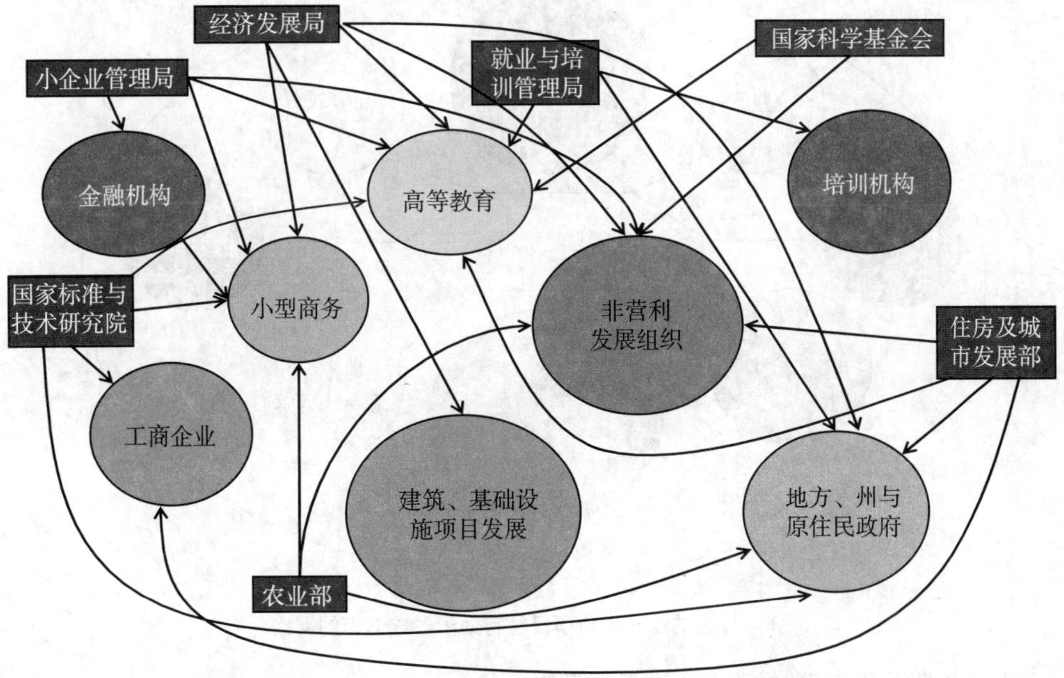

图7　混沌、重叠、交叉、缺乏协调的现有联邦政府资助体系

鉴于现有联邦政府资助体系的弊端，在设立新的竞争力部的改革过程中，最具有创新意义的举措是在该部设计再造政府资助项目的申请流程，设立新的统一申请项目服务。因为只是成立一个新的部委，重组和整合了有关职能和权限，而指导理念与运行方式不作相应改变，也就只能是旧瓶装新药。因此，改革与重组的最根本目的就是要能为企业、地区和地方政府提供最迅捷、最方便和最省力的综合服务。在现今的全球化知识经济时代，无论是企业，还是地区的发展，其影响因素是多方面的，是一个综合系统工程。因此，在新的竞争力部设立新的统一申请流程服务项目，其使命是帮助申请者一次性、一站式、一窗式地受理原本烦琐、耗时的申请流程。凡是要申请有关贸易、经济、技术和劳动力发展这四大领域中的一个或多个方面的资助项目，均只需提交一份申请书。新建的竞争力部通过一个窗口接受申请后，经内部各部门的协调运转后，提供一条龙式的全面服务和专业支持职能与运作流程（见图8）。

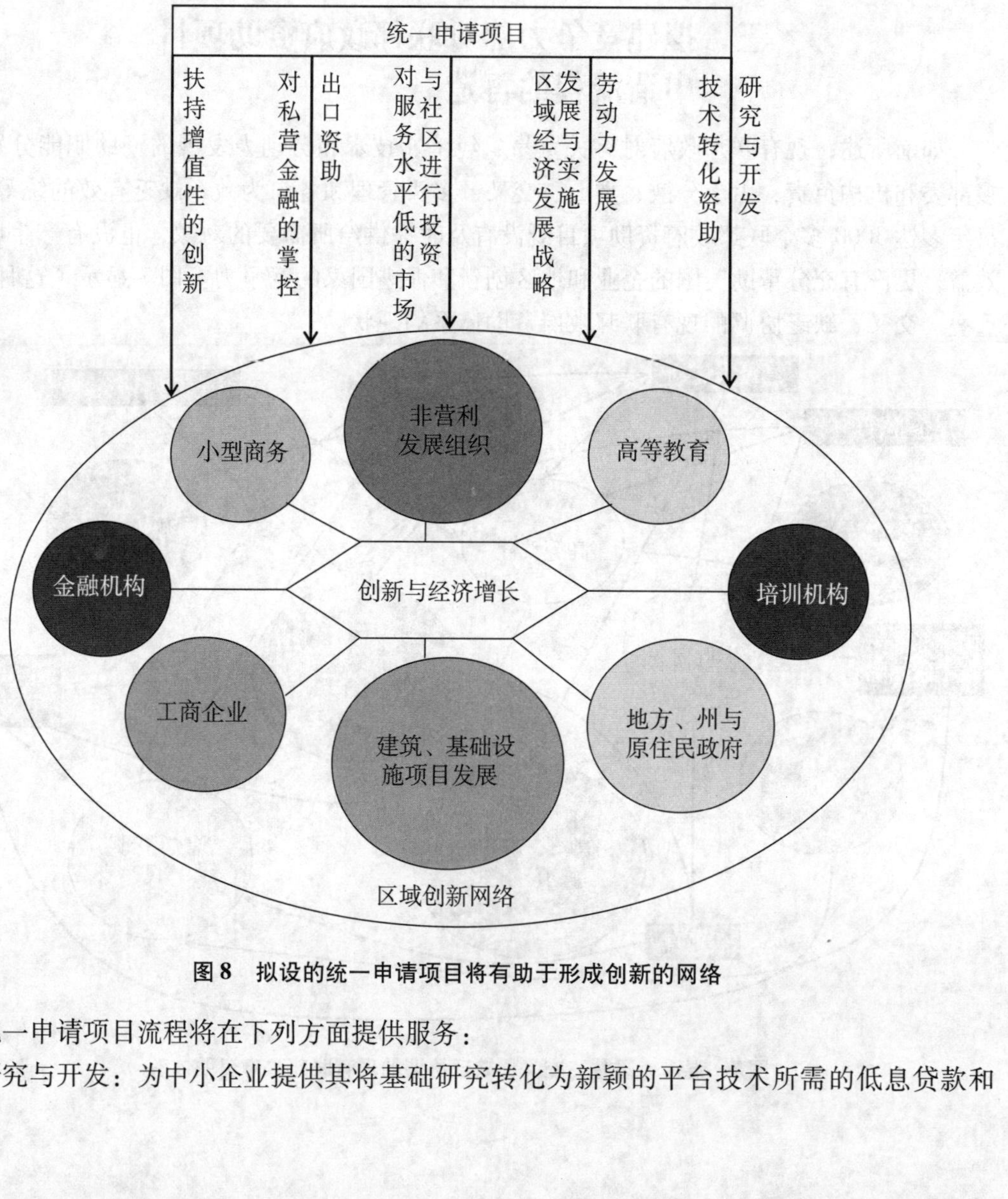

图8　拟设的统一申请项目将有助于形成创新的网络

统一申请项目流程将在下列方面提供服务：

研究与开发：为中小企业提供其将基础研究转化为新颖的平台技术所需的低息贷款和

低息贷款担保；

技术转化资助：为致力于技术转化和将有前景的技术商业化的大学与企业合作伙伴提供资金和贷款；

劳动力发展：对技术教育、培训和学徒项目予以投资，帮助区域的劳动力与当地的需要联系在一起，使劳工们在区域内兴起的产业和职业中得到就业的机会；

区域经济发展战略与实施：为自行组建的地区或产业集团或发展组织提供项目资金和技术支持，帮助各利益相关方设计和实施必要标准的计划；

向服务水平低的市场和社区投资：将中小企业的资金引向服务水平低或者经济贫穷的社区，加强区域经济发展与技术创新战略之间的协调；

出口资助：向那些正在开拓国外市场、向国外出口产品的中小企业提供贷款、贷款担保、保险及其他形式的金融支持，以及国外市场信息与贸易谈判等支持；

引导私人资金：管理和引导参与小型企业管理局的微型贷款、小型商务投资公司与小型商务发展公司项目的当地融资者区域网络；

扶持增值性的创新：帮助在服务水平低的地区和市场的企业或者战略性产业获取产业升级、创新、增加出口以及保持领先地位所必需的人力资本、物质资本和金融资本。

美国在新的竞争力部（见图9）设立统一申请项目服务这一创新举措是在知识经济时

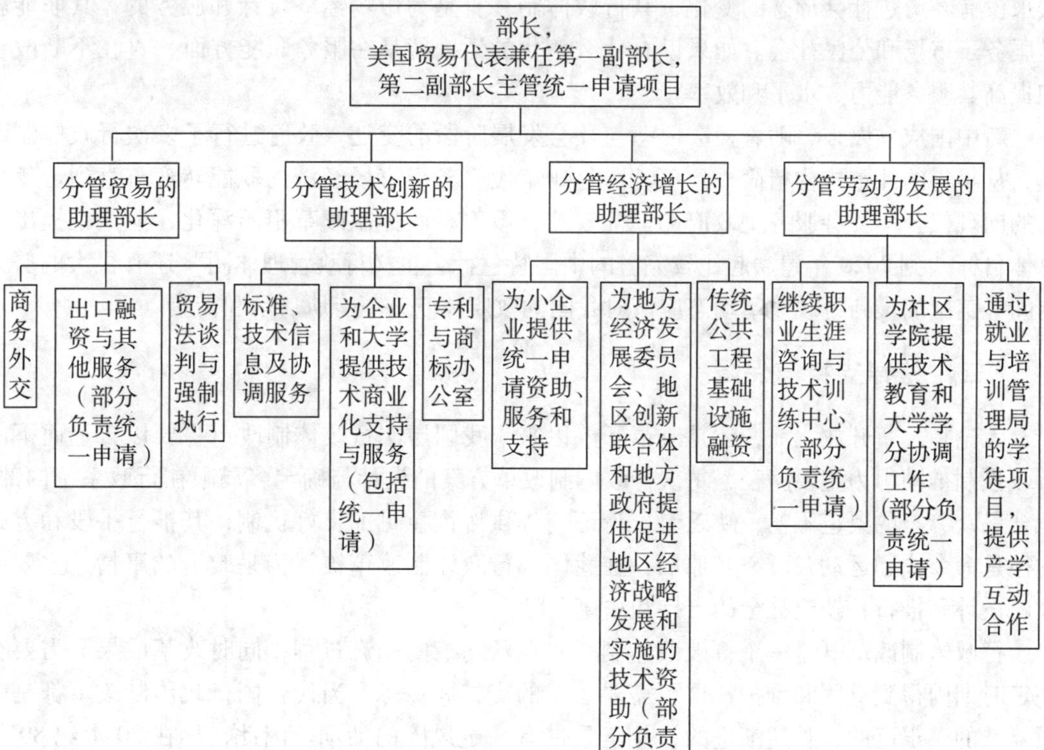

图9　美国拟新建的内阁级竞争力部的总的架构与职能

代，为应对全球化的竞争，确保美国在21世纪的世界强国地位在政府顶层所作的制度改革与创新。如这次针对美国创新和竞争力的重组联邦政府行政管理体制改革获得成功，未来10年将会精简联邦雇员2000人，节约经费30亿美元，其意义深远且重大。

目前，美国主要还是在联邦政府行政系统与民间精英群体间进行研讨和互动，其改革方案和设想还是初步的。之后将通过国会立法组织专门委员会进行研究，在吸收各党派、利益团体、各地区和社会民众的意见基础上，通过博弈、让步、协调、辩论的程序，在达成共识后，以立法的形式予以法律支持和保障。

四、对我国政府改革的启示与借鉴

由于中美两国的社会形态、社会制度、社会发展阶段以及所面临的问题和挑战迥然不同，加之美国目前的联邦政府行政体制改革尚处于进行过程中，很多问题还需要进行专业理论和改革实践的深入探讨。但是就美国目前进行的行政体制改革的最新动向，本文提出以下可能对我国政府体制改革有所助益的启发和思考。

（一）现状定位与改革方向

从开拓北美大地之初至今，美国自始至终奉行的是市场经济。从这个意义上讲，美国从来没有经历过社会形态的变化，其行政体制一直是为市场经济设计和服务的，其职能就是服务于市场和公民社会。如果说有什么变化的话，就是在服务职能方面一直在不断改善和提高其服务能力、水平和效率。

新中国成立以来，随着社会形态与社会发展阶段的变迁，政府进行了多次行政体制改革，从早年的注重机构精简，到20世纪90年代服务于市场经济的职能转变，直到近年提出的向现代公民社会服务型政府的职能转变，政府行政体制改革不断深化，但是距提出的总体目标“到2020年建立起比较完善的中国特色社会主义行政管理体制”还有很大的努力空间，美国的最新行政改革动态应该对我国的政府体制改革有所启示和借鉴。

（二）法律支持与保障

无论是改革开放之前，还是改革开放以来，我国历次行政体制改革主要以自上而下的行政强制推动力为主要路径，每次行政体制改革方案的设计与确定多局限在行政系统内部，社会民众参与的渠道不畅，缺乏专家论证与提供咨询意见的良好机制，其推行手段和方式往往是命令式和运动式。究其原因，在我国，行政体制改革被认为是政府的事情，主要由政府设计和推行，缺乏社会的支持和法律保障。

行政体制改革既是一个打破旧体制、实现新均衡的动态过程，同时改革成果又需要在一定时期内得到巩固和维护，这更需要法律的支持和保障。当代各国行政体制改革都是一项复杂的、艰巨的、长期渐进的、甚至是带有一定风险的活动。因此，早在20世纪80年代，邓小平就将精简机构称为是一场革命。与西方国家行政改革不同的是，我国行政体制改革是从计划经济时代建立起来的政府体制，向适应市场经济机制的政府体制转变，具有根本性转轨的特征，其复杂性和困难性更为突出。因此，为保障改革能够顺利并公正地进行，应当自始至终将改革纳入法治的轨道，建立符合理性的改革程序。

参照国外的经验，行政体制改革不能游离于法律之外，在整个行政体制改革过程中，必须把改革的方式、步骤和成果都纳入法律的调整范围，运用法律手段推进改革。具体做法可分三步：第一，由人大立法机构成立一个独立的委员会，吸收社会各界代表性组织、机构、群体和民众，在对行政体制改革进行广泛和全面调研并在充分论证的基础上，提出改革设计和建议报告。第二，由人大对此报告进行审议，再在全社会广泛、公开地征求政府和社会各界的意见，在此基础上制定相应的法律法规，依据法律规定进行改革。第三，有关改革的法律法规制定后，交由政府具体推行。一旦行政体制改革的成果确定后，必须用严格的法律规定下来，非经法定理由和程序不得变更。

（三）建立“顾客驱动”的现代公共管理政府

美国行政体制改革的直接动因往往是由严重的财政危机引起的。这是因为政府规模膨胀、官僚主义和效率低下造成了管理成本快速增长，在财力资源有限而又无法获取新资源的情况下，迫使联邦政府进行行政体制改革，这种改革通常被视为“财政驱动”的改革。美国目前进行的联邦政府行政体制改革，主要原因之一就是由近年的次贷金融危机引起的，当然，另一个主要原因是为了应对21世纪的全球竞争力。

我国政府行政系统也存在规模膨胀、官僚主义、效率低下和管理成本上升的弊端，必须通过改革予以摈除，确立“顾客驱动”的原则，塑造顾客导向的现代公共管理政府，完成从官僚导向向顾客导向的转变。毋庸讳言，受几千年的封建社会的影响，我国现代市场经济还很不完善，传统文化中的“官本位”、“权力本位”、“政府本位”的思想根深蒂固。这种意识使政府习惯凌驾于社会之上、企业之上、个人之上，而未能把自己摆到“服务者”、“合作者”的位置。根据当代行政体制改革主要理论之一的新公共管理理论，政府服务应以顾客或市场为导向，不是凌驾于社会之上的、封闭的官僚机构，而是负有责任的“企业家”，公民则是其“顾客”或“客户”。企业家型政府的一个突出表现，在于变过去的“管理者—被管理者”为现在的“企业—顾客”。政府的一切职能、行为和改革都以公民为导向、为中心，并以公民的满意度作为政府运行的最大使命和考量。美国将在新的内阁级的竞争力部中设立统一申请项目服务，向企业和大学提供一次性、一站式、一窗式的服务，就是源于“顾客驱动”的原则。事实上，我国四川省成都市早在2004年就设立了这种统一申请项目服务，为企业提供一站式、一窗式的服务，中央政府在行政改革中应积极建立“顾客驱动”的现代政府公共管理模式。

（四）深入推行大部制改革

由于现代社会愈加复杂化和多元化，导致政府的规模和职能不断扩展。为克服政府部门之间的重叠、臃肿、职权交叉、政出多门的矛盾，就需要对政府机构进行合理的整合和调整，以减少管理幅度和部门之间协调的困难，使得行政工作更加高效。根据国际通行的做法，大部制已经成为许多国家行政体制改革的主要选择。自20世纪70年代以来，一些西方国家开始了大规模的行政改革，随后这种浪潮迅速席卷了整个世界。如2003年以前，美国长期保持14个组成部门，英国长期维持在18个左右，法国也维持在15个左右，2002年日本也将原来的1府22省（厅）合并为1府12省（厅），显然，大多数发达国家的政府部门在12—18个之间。部分发展中国家也实现了大部制，如俄罗斯联邦政府现由17个部门组成。

除了调整和重组政府部门之外，就是大幅度地合并相似部门，如英国将住宅、地方自治部、公共设施建设部和运输部合并为环境部，把通商委员会、技术部和动力部合并为通商产业部等。加拿大、澳大利亚、新西兰等国将外交部与贸易部合并为外交与贸易部等。这些国家在内阁中推行超级大部制，对提高政府的效率和减少开支效果显著。而美国拟建新的内阁级竞争力部，更是独树一帜，在理念和实践的创新方面较其他国家略胜一筹、领先一步，他们从提高国家的整体经济实力和保持21世纪全球竞争力的角度考虑，将涉及贸易、技术、地区经济增长和劳动力发展四大领域全部集中和整合在一起，以求最大限度地发挥美国的国家创新潜力。

事实上，大部制也不是西方国家的专利。我国2008年的中央政府改革就实行了大部制，组建了人力资源和社会保障部等新机构；地方政府改革中，广东省顺德市在2009年也推行了大部制改革，创造了有益的经验和成果。对照美国目前对商务部实行的重大改革与整合方案，我国除了要加速政府职能转变之外，也应该前瞻性地考虑21世纪国家的创新能力、整体发展与全球竞争力，在未来的政府体制改革中深入推进大部制改革，适当参考和借鉴美国的改革经验，与时俱进地通过大部制改革提升国家的创新力和竞争力。

（五）渐进改革与重点突破

自新中国成立以来，伴随着国家经济社会发展和政策变迁，我国总共实行过9次行政体制改革。改革开放之前的3次行政体制改革主要体现在中央权力的收放与机构精简方面，改革开放以来（严格讲是至2008年）的30年期间，总共进行了6次行政体制改革，本质上是梯次进行各种职能的转变，以适应新时期国家经济和社会发展需要。从某种程度上说，国家行政体制的特定模式往往是特定历史阶段的产物。受我国原有制度、历史文化因素、人口资源以及改革经验与目标等诸多因素的约束，我国选择的是渐进改革模式，以避免不切实际的空想和鲁莽行动引发的震荡。然而，改革开放30年期间共进行了6次行政体制改革，也就是每5年进行一次较大规模的政府改革，这样的改革频率太频繁了，这种情况在国外是不多见的。基于行政体制改革的长期性、复杂性和系统性，过于频繁的行政机构改革和人事变动往往消耗大量的人力、物力、财力。减员兼并之后的工作空白无法及时填补，结果又要重新设立机构，增加人员，造成了“精简—膨胀—再精简—再膨胀”的历史怪圈。

当然，根据我国的实际国情，采取渐进改革方式总体上是适宜的。但也应注意另一种倾向，即渐进改革不应是无限期拖延实质性改革，改革的使命是尽快结束不适合我国社会经济发展的行政体制，实现政府管理与服务的现代化。因此，一方面选择渐进改革的道路，另一方面又要反对以渐进和稳定为借口来延误改革的行为。有些关键领域的改革要有重点突破的胆略，例如必须破除在计划经济体制下建立起来的阻碍经济发展、与国际惯例相悖的旧制度、旧规章，加速建立社会主义市场经济体制。在大部制改革中，可注意吸取和论证包括美国在内的改革经验和趋势，以前瞻性的视野设计我国的行政体制改革，做到长远目标与近期目标相结合、全面推进与重点突破相结合，使“到2020年建立起比较完善的中国特色社会主义行政管理体制”能具有稳定性、连贯性和持续性，既反映时代特征，又能应对21世纪全球化竞争。

参考文献

[1] Jonathan Sallet and Sean Pool, *Rewiring the Federal Government for Competitiveness*, Report at the Center for American Progress, January 2012, http: //www. americanprogress. org/issues/2012/01/dwwsp_ competitiveness. html.

[2] John Podesta, Sarah Rosen Wartell and Jitinder Kohli: *A Focus on Competitiveness*, Report at the Center for American Progress, December 2010, http: //www. americanprogress. org/issues/2010/12/focus_ on_ competitiveness. html.

[3] Louis Soares and Stephen Steigleder: *Building a Technically Skilled Workforce*, Report at the Center for American Progress, January 2012, http: //www. americanprogress. org/issues/2012/01/dww_ sp_ scitechworkforce. html.

[4] 魏礼群主编:《行政改革蓝皮书：中国行政体制改革报告（2011）》，社会科学文献出版社2011年版。

[5] 薛刚凌主编:《行政体制改革研究》，北京大学出版社2006年版。

[6] 颜廷锐等编著:《中国行政体制改革问题报告》，中国发展出版社2004年版。

The Reform of the American Executive Branch Structure and Its Implications for the Reform of China's Executive Administration System

Guo Yugui

Abstract: The structure of the American executive branch, formed in early days of the republic, with its operation and adjustments over the past 200 years, has on the whole satisfied the needs of the different stages of development of American society, and has made the United States the wealthiest and most dynamic superpower in the world. By the end of the last century, however, due to domestic changes, and in the face of the challenge of the knowledge economy in the era of globalization, a series of evident weaknesses made clear that the existing structure of the American executive branch was not well - suited to meet the demands of American international status and global competitiveness. In response, both the American government and the American public have suggested the need to reorganize the executive branch and create a new cabinet agency — “The Department of Competitiveness” — so as to meet the challenges of global competitiveness and secure the United States' position as a world power in the 21st century. This paper introduces and analyzes the background, importance, frame, structure, and the internal organization and its respective functions of the suggested cabinet Department of Competitiveness, as well as its innovative design and operative ideas. It is hoped that this information will be of value to China as it reforms and innovates its own executive administration system.

Key words: Department of Competitiveness, executive branch structure, federal government, common application program

（编辑：吴　帅　苗月霞）

· 书讯 ·

党的十七大第一次确立了人才强国战略在落实科学发展观中的基础地位，明确把更好实施人才强国战略写入党章。为全面总结 2003 年中央人才工作会议以来，我国实施人才强国战略的实施经验，并从人才学和人力资源理论方面进行探索和创新，中国人事科学研究院编写了《人才强国战略研究丛书》，中共中央组织部副部长、人力资源和社会保障部部长兼国家公务员局局长尹蔚民特为丛书作序。丛书对做好新时期人才工作，具有重要的指导意义和借鉴参考作用。丛书共 7 册，全套总定价 186.00 元，党建读物出版社已出版。

国外职业军官制度解析

王芳霞*

[摘要] 军官职业化的基本前提是建立职业军官制度。各国在军官职业化的过程中形成了自己的制度特点。本文对美国、法国、英国、德国、俄罗斯、加拿大、巴基斯坦等国的职业军官制度进行了系统梳理，在编制员额、军官比重、职位分类、职务晋升、考核标准、工资待遇、服役年限、更替比率、补偿方式、就业方式、保障体系、制度补充等方面进行了解析，总结提炼了职业军官制度的主要特点。

[关键词] 国外 职业军官 职业化

职业是个人在社会中所从事的作为主要谋生手段的工作。职业军官如同法官、律师、医生、教师等将职业作为主要谋生手段一样，是将军事工作固定地作为主要谋生手段的军官。军官职业化是通过建立和完善职业军官制度，使非职业军官转变为职业军官的过程。军官职业化的基本前提和主要内容是建立职业军官制度，职业军官制度的改革推动军官职业化的发展。职业军官制度，如同对待其他职业一样，是将军官同样作为一种职业的制度安排，它既遵循职业的一般规律，又体现军官职业的特殊属性。纵观世界军事发展历史，现代职业军官制度在西方国家已经建立了200多年。普鲁士是世界公认的军官职业化鼻祖，1808年8月6日发布军官军衔授予方法的命令，首开军官职业化先河。目前，美国、加拿大、英国、法国、德国、西班牙、葡萄牙、波兰、匈牙利、俄罗斯、巴西、古巴、巴基斯坦、越南等国均实行军官职业化。军官职业化需要职业军官制度作保障，由于军官所从事的是军事职业，需要在遵循职业一般规律和军官职业特殊规律的基础上建立职业军官制度。国外职业军官制度主要包括分类、选拔、培训、考核、晋升、轮岗、服役、退役、补偿等制度。根据对部分国家军官制度的梳理和分析发现，国外职业军官制度呈现出诸多特点，本文择其要以飨读者。

一、控制军官编制员额

控制军官编制员额是职业军官制度的重要特征。规模合理且相对稳定的军官队伍，既能保证军队战备训练的正常进行，又能在军官总量相对较少的情况下，集中使用有限的养兵费用收到理想的效果。世界主要发达国家强调“预算数字即人员数字”，普遍以每年的财

* 作者系中国人事科学研究院公共管理研究室助理研究员。

政预算，通过立法手段确定军官总定额及官兵比例，从宏观上制约军官的编制，对各级军官的比例、数量严格确定，以确保军队各项建设的连续性并经常地处于良好的战备状态。实行职业军官制度的各国根据各自财政实力和军事需求，严格控制编制员额。美军现役人数146.093万①，其中军官总数约22.5万人，军官与士兵比约为18∶100。英国现役军人数17.5万人②，其中军官3.3万人，军官与士兵比约为23∶100。德军总兵力为24.5万人，军官总数为3.77万人，军官与士兵比约为18∶100。法国现役武装力量总兵力46万人左右，军官总数为3.8万人，军官与士兵的比约为9∶100。俄罗斯目前武装力量的人数不到80万，军官总数约为16万，军官与士兵比约为25∶100。加拿大现役军人6万人，军官总数为1.3万人，军官与士兵比约为28∶100。巴基斯坦现役部队有56万人，军官3万人，军官与士兵比约为6∶100。

同时，实行职业化军官制度的国家，军官的“进、升、退”必须在限额内进行，不突破国家规定的总定额，每增加一个名额都必须经国会批准，任何人无权随意增减。如《美国法典》对陆军、海军、空军及海军陆战队中一级准尉以上各衔级的正规军官的实力作出规定。陆军军官编制6.3万人、海军军官编制5.5万人、空军军官编制8万人、海军陆战队军官编制1.7万人。对军官数量、衔级分配作出明确规定，要求在各军种中服现役的授衔军官总人数不得超过规定的人数；每个财政年度结束时，各军种部长应对所管辖的军种中一级准尉以上各衔级军官核定现役总数量，并报告国防部部长。

二、职业军官比重大

从实行职业化军官制度国家的军官数占总兵力的比例来看，职业军官的比重较大。世界主要发达国家通常依据国家的财力状况、军队现代化建设程度和军队规模、军官的资历、军衔等级、服役时间等来确定职业军官的范围。一是根据军队建设和作战需要来确定。根据军队的实际需要，确立军队所需规模，合理确定官兵比例，保持精干的军官队伍。一般来说，凡与作战、指挥关系密切的岗位，通常为职业军官岗位。二是根据国家所能提供的军费状况来确定范围。通常国家财力雄厚，军费有保障，则职业军官的范围、数量有可能扩展和增大。反之则压缩和减少。三是依据军队专业化程度来确定。通常现代化程度较高、武器装备水平较先进的发达国家的军队，对职业军官特别是专业技术军官的需求量比较大。不仅需要职业军官在指挥、作战等传统职业领域的专业保持足够的数量，而且需要向信息、网络等新兴领域的专业扩展。一般来说，凡专业复杂、难度较高与作战联系紧密的岗位，为职业军官岗位。四是依据岗位的技能所需培养周期的长短来设置。一般来说，凡培养周期长、掌握技能要求高的关键性岗位，为职业军官岗位。如飞行员、舰艇长等。五是依据军官的资历、能力等素质情况来确定。职业军官制度的重要作用之一，是对军官服役予以补偿。因此，多数国家都将军官的资历和军衔的高低作为确定职业军官范围的基本条件。通常服役时间较长、军衔高、专业技术水平较高者才能成为职业军官。在德国，职业军官

① 数据来源：维基百科。

② 数据来源：《英国2010年战略防务与安全评估报告》，中国网。

占军官总数的75%，意大利占80%，法国占90%。

三、军官职位分类较细

军衔是与职务并行的等级体系，作为区分军官等级的标志，既是军人身份、荣誉的称号，又是确定待遇的依据，用以明确军人之间的领导与被领导、指挥与被指挥、隶属与被隶属的关系。军衔主要是根据服役表现和服役年数确定的，通常由将官、校官、尉官、准尉、士官、士兵构成其等级体系。军衔是选拔、培训、晋升、退役、补偿等制度的基础，由于军衔随人走，使职业军官有较大的安全感和稳定感，以军衔为主对军官分类管理，体现职业军官的基本特点。发达国家在以军衔划分级别的基础上，对军官实行严格的专业职位分类。如美军的专业分类中，军官专业分为13个门类，91个专业，其中13个门类分别是：一是行政、执行、管理类。主要是军民通用的专业，如通信管理、财物和会计管理和食物管理等，共17个专业。二是航空类。主要有飞机驾驶员、直升机驾驶员、空中交通管理和飞机导航等，共7个专业。三是作战类。主要有防空炮兵、步兵、野战炮兵、导弹系统等，共8个专业。四是工程、科学和技术类。主要有航天工程、化学、民用工程等，共17个专业。五是人员服务类。主要有社会工作者、牧师和与牧师有关的人员等，共3个专业。六是情报、法律执行类。主要有情报、法律执行和军事警察等，共4个专业。七是法律类。主要有律师、军事法官等，共3个专业。八是媒体和公共事务类。主要有公共信息、视听和广播指导等，共3个专业。九是医疗健康类。主要有健康管理、营养、药剂等，共9个专业。十是医疗诊断和治疗类。主要有心理和外科、医疗、牙科等专业，共10个专业。十一是船和潜艇类。主要有船和潜艇、船工程等，共4个专业。十二是特种作战力量类。主要是特种作战力量和特别评论，共2个专业。十三是运输类。主要有运输管理等，共4个专业。依据专业分类，职业军官可以根据自身的爱好和条件，选择在军队发展的专业，提高军官专业发展的机会。在所有的91个专业中有2/3的专业与民用专业通用。这样的专业分类，涉及面广，涵盖面宽，一方面有助于提高军事院校专业的知名度，有利于吸引地方的有志青年献身国防；另一方面，也为军官退役再就业提供了选择的空间。

四、军官职务晋升严格

职业化程度较高的国家军官晋升的通行做法，一是职务晋升与军衔晋升并行，在实行军官职位分类的前提下，通过职务晋升和军衔晋升双通道保证军官正常晋升；二是严格晋升标准和程序，无论职务晋升，还是军衔晋升，都有明确的晋升标准和严格的晋升程序，并设立专门的军官晋升委员会负责晋升工作；三是实行多次选拔和留任制度，给军官提供多次晋升机会，或留任到最高服役年限，保留有发展潜力和受过专业培训的军官；四是平衡各军兵种军官晋升，为各军兵种、专业领域的军官提供平等竞争的机会；五是对岗位轮换有严格要求，对晋升职务和军衔前的岗位轮换种类和次数都有刚性要求，晋升到上将军衔一般都要经过20多次岗位轮换；六是贯彻不晋升则退役的原则，按照服役年限、任职年限、服役年龄的规定，经过规定次数选拔，仍不能晋升的军官则退出现役。

五、军官考核标准规范

外军对职业军官素质和潜力实行科学、规范的考核。如美军军官素质考核设置23项内容，包括军官价值观、领导品质、技能和行为、体能等各方面，其中陆军价值观有7项内容，领导者品质有3项内容，领导者技能有4项内容，领导者行为有9项内容。一些国家对体能的要求有严格的量化标准，如美军要求47—51岁年龄组男性军官，能连续做26次伏卧撑为考核及格；要求51岁以上军官，在20分钟跑完2英里（3.218公里）为考核及格。体能要求绝无例外，测试不达标者将被免去军职。南美各国军队要求上校军官必须在跑步、游泳方面达标。各国对军官体重和脂肪含量都有明确要求，如美军对军官的体重和脂肪含量，均依其性别、身高和年龄组明确标准，并以条令形式固定下来，半年进行一次测试。体重和脂肪含量超标者一旦被确认，便不考虑其晋升，不安排其学习进修，已经参加学习进修者，也不委以决策、指挥之职务。如若经过半年的饮食控制和减肥训练仍不能恢复标准体重，则将被责令提前退出现役。南美各国军队军服一律按统一标准定制，因体态臃肿影响军容者不准穿着军服。

六、军官工资待遇优厚

军官工资福利待遇是军官职业化的重要内容和本质要求。军官作为风险较大的特殊职业，应当有特殊待遇。因此，许多国家给予军官以优厚的待遇，并被纳入法制轨道。在军官待遇的定位上，实行职业军官制度的国家通行的做法是将其定位在社会的中上等水平。

在工资待遇上，实行高薪制，并建立正常的工资增长机制，使军官工资增长与国民经济发展相统一，根据不同工作岗位实行与职位岗位相一致的津贴制度。由于军官职业具有很大的风险性，军官财产增值的机会和可能性也比较小，收入渠道受限。因此，主要发达国家和一些发展中国家军官的薪金收入通常比政府同级公务员高出10%—40%不等，并向私营企业职工工资水平靠近。如，美军军官工资收入水平比同级国家公务员高出约20%—25%。目前，军官平均年收入7.9万美元。其中，服兵役10年的上尉年收入可达7.55万美元，服兵役20年的上校年收入可达到12.2万美元。英军军官基本工资比政府同级公务员高出30%。俄罗斯于2005—2008年间先后4次上调军人工资，2009年8月起，俄军官职务工资又增加8.5%。中尉排长每月工资23500卢布（1元人民币约合4.9卢布），中校营长每月30700卢布，目前，俄军官工资收入达到中产阶级水平。德军、法军军官按规定与国家公务员的基本工资相等，但是加上各类补贴和津贴，实际收入比在政府供职的同级公务员高出约10%。印度军官的平均工资收入水平比同级国家公务员高出约38%，印度空军军官的收入高出地方同级官员约49%。

在福利待遇上，军官家属子女、父母、岳父母可以享受免费医疗，军官外出休假或执行任务乘坐交通工具免费或半费，家属宿舍实行公寓化，在军人服务社可购买特价商品。在家属子女就业就学上，军官家属可入伍当合同兵，解决就业和两地分居问题；子女可免费在军人子女学校上学。如美国2005财年的国防预算还为国防健康计划安排了176亿美元的资金，用于现役军人、退休军人及军人家庭目前及退休后的健康保障。

七、军官服役年限较长

实行职业军官制度的国家，军官服役年限普遍较长，且可以多次签约服役，有利于提高军官的专业知识和技能水平，保留军队的技术骨干，并提高经费使用效率。美军规定军官退出现役因身体伤残或裁军需要外，一般均要达到法定的服役年限或最高服役年龄。凡服现役满20年以上的军官可提出申请，经批准后自愿退休。中高级军官的最低晋升年龄和军龄为，少校42岁、军龄满24年；中校49岁、军龄满28年；上校52岁、军龄满30年；准将52岁、军龄满30年；少将56—60岁、中将60—64岁、上将62—64岁，军龄满35年。

英国“正规服役军官”（对应“短期服役军官”）即职业军官，服役期为16—35年，最高服役年龄为：少将以下55岁，中将57岁，上将以上59岁，最高到60岁，达到最高服役年龄必须退役；少校以上军官，只要身体条件等符合要求，可服役至55岁退役。对于长期服役的军官，服役满16年或38岁，可提出自愿退役申请；短期服役的军官，满服役期后可随时提出自愿退役申请。自愿退役的待遇低于法定退役军官。

德军服役13年以上的军官为职业军官，除伤残外，一般不到法定退休年龄不强制退役。退休年龄为：准将以上军官以及卫勤、军乐、军事地理勘测等军兵种的专业技术军官的退休年龄为65岁，其他军兵种的少尉至上校军官退休年龄从56岁到61岁不等，最多可延长到62岁。因公伤残不宜继续在军队服役的军官，其退休年龄不受限制。对个人主动申请提前退役的军官，军龄必须满13年（部分技术兵种军官的最低服役年限为16年）方可提出退役申请。

法军还规定职业军官必须服役满一定年限后才可退出现役：其中一般军官至少服役15年，陆军专业技术军官27年，海、空军专业技术军官32年，空军飞行员从航校毕业后至少服役8年，且军龄满15年、年龄满50岁后才能享受退休金。军官达到规定的退休年龄后，确因工作需要，经批准可在本级军衔内延期服役一段时间。具体为，校、尉官2—3年（技术军官可达5年），将官半年至1年。

巴西军队军官达到最高服役年龄时，必须退役（退休），各级军官的最高服役年龄为：上将66岁，中将64岁，少将62岁；上校59岁，中校56岁，少校52岁；上尉以下军官48岁，服役满30年；将军军衔满4年而未晋升，应退役。

巴基斯坦军官退出现役的条件，除因身体伤残或裁军需要外，一般要达到法定的服役年限或最高服役年龄。各级军官的最高服役年限为：上将35年，60岁；中将32年，57岁；少将30年，57岁；准将28年，55岁；上校27年，52岁；中校25年，50岁；少校及以下23年，48岁。

越军规定军官最高服役年龄分别为：尉官男46岁，女46岁；少校男48岁，女48岁；中校男51岁，女51岁；上校男54岁，女54岁；大校男57岁，女55岁；将级军衔男60岁，女55岁。根据需要，军官服役最高年龄可适当延长，但一般不超过5年。

八、控制军官更替比率

职业军官制度的核心就是要保证有一支稳定的职业军官队伍，以保持军队的凝聚力和战斗力。从国际上实行军官职业化制度的国家来看，对退役军官的数额是进行从严控制的。美军现役军官数22.5万人，每年退役约1.3万人，平均更替比率为5.8%。英军军官总数为3.3万人，近5年每年退役2800人，师团级军官不到300人，平均更替率为8.4%。德军军官总数为3.77万人，2009年退役1200人，更替比率为3.2%。法国军官3.8万人，每年退役760人，平均更替比率为2%。加拿大每年军官退役800人，平均更替比率为6%。巴基斯坦每年军官更替比率为5%。

九、退役补偿方式简单

军官职业化程度较高的国家，军官退役的补偿方式一般是发放退役金。军官退出现役通常分为期满退役和中途退役两种。期满退役又可分为四种情况：一是服役至最低服役年限退役；二是服役至最高服役年限退役；三是服役至最高服役年龄退役；四是任职期满退役。确定军官退役的顺序是：最低服役年限、年龄、最高服役年限。期满退役可享受全额的法定退役金和各项福利待遇。中途退役即凡未达到服役年限或年龄的退役者皆为中途退役，可分为三类情况：一是强制退役，如军队裁员、军官衔级得不到正常晋升或因犯罪而引起的中途退役；二是自愿退役，即本人提出提前退役的申请，经批准退役；三是伤残退役，即本人因伤残不适合继续服役而退出现役。中途退役的，除伤残退役外，不享受全额的退役金和各项福利待遇。

十、退役军官自主就业

从主要的职业化国家来看，自谋职业是退役军官的主要选择方式，政府只在提供就业培训、创造就业条件等方面给予帮助，如美、英、法、俄、澳等国。在为退役军官提供较完备的退役保障基础上，鼓励军官自谋职业，实际上将退役军官的就业安置纳入了市场配置轨道。如美国退役军官的安置原则是自谋职业，但也用法律的形式规定就业退伍军人在某些情况下具有特定优先权。法国政府基本不负责安置，而是以军官自谋职业为主，但政府积极协助提供便利。英国政府规定，国营事业单位对退伍军人就业要给予优待，私营工商业要保留5%的劳动缺额来雇用退伍军人。另外，英国政府还动员和依靠社会组织来进行退役军人的就业安置。为了帮助退役军人尽快找到工作，俄罗斯出台了若干关于退役军人再就业的文件和决议，制定了多项详尽的措施。1998年颁发的《退役军人再就业培训纲要》中就明确规定了退役军人再就业培训工作的目标、任务、社会地位和有关政府机关的职责和义务，从法理制度上保证退役军人职业培训工作的顺利展开。另外，在莫斯科等大中城市成立了一批退役军人培训中心，为即将退役的军人提供咨询服务，帮助他们申请国家援助、贷款进行创业和开展法律援助。这些中心内还设立了互联网络系统，用以提供职业培训、职位介绍等资料。法国政府规定，年龄不足52岁的军官，凡服役满15年，退役前可参加6—12个月免费培训。经过这些再就业技能培训后，退役军人与社会同类人才的竞争力相差无几。

十一、军官保障体系独立

实行职业化的国家，军人的社会保障体系都是独立运作的。军人社会保障体系是国家和社会依照法律法规对军人及其家属的基本权益从经济、政治、社会等方面予以保障，主要包括社会保险、福利待遇、优待抚恤、就业等。

军人社会保险制度是军官保障社会化的主要形式。国家通过立法，设立专项基金，在军人遇到死亡、伤残、年老、退役等情况时，给予一定经济补偿的特别社会保障制度。保险的形式主要为养老保险、医疗保险、伤害保险和人身保险。越来越多的国家强制军官在役时按其工资缴纳一定比例的保费，军官退役并达到一定年龄时可享受养老金，就诊时可享受优惠，遭受意外伤害或去世都会有相应的保险补偿。经过多年实践，以美国为代表的西方国家已经为职业军官建立了机构完善、服务周到的社会保险体系。其中，最著名的机构有陆、空军互助协会，武装部队补贴金协会，美国陆军协会，汽车联合服务协会，武装部队保险协会。俄罗斯1993年通过的《军人地位法》也明确规定对军人实行人身保险，至今已建立了一套完善的军人保险体系。在役军官缴纳一定数额的保险后，由管理机构交给符合资格的基金机构投资经营，最终使退役军官获得收益，这种增加退役军官福利的方法越来越被许多国家所认可，也可以说是军官退役保障社会化愈来愈成熟的一个标志。例如美国的个人保险投资计划，澳大利亚的保险投资“分红”等，逐渐被其他国家所效仿。新型军人社会保障的基本框架，进一步开发了社会保障资源，强化了保障功能，也进一步保障了退役军人的权益。

十二、以合同制为补充

外军实行职业化的过程中，呈现出以合同制为补充的特点。合同军官是服役期较短、执行辅助性勤务、军衔晋升受限制、教育程度较低的军官，与职业军官形成两个阶层。德、法、意等欧洲国家的军官均区分为职业军官和合同军官。法国合同制军官或来自义务兵，或来自预备役，服役年龄不得超过同职级的职业军官，且最高军衔仅为少校。加拿大军官在开始服役时，首先签订为期9年的服役合同，期满后签订的第二个合同是无限期合同。无限期合同签订后，军队不得无故解除合同，但允许军官主动退役。俄罗斯军官区分为应征服役军官和合同制军官，绝大多数服合同兵役，军官从军校毕业后都要签订服役合同，首期服役合同为10年，服役期满后，可按双向选择的原则续签合同或选择退役，继续服役合同有5年、10年、15年三种。匈牙利合同制军官最长服役不超过15年，每5年签一次合同，可续签三期。合同制军官合同期满后即与军队无任何关系。波兰实行军人服役合同制。5年一个合同期。合同期满，如不续签合同，即安排退役。

参考文献

[1] 郭飞：《军官职业化研究》，军事科学出版社2006年版。
[2] 李保忠：《中外军事制度比较》，商务印书馆2004年版。

［3］朱建新、郭飞、纪海涛：《军官制度比较与改革》，军事科学出版社 2010 年版。
［4］钟志明、胡光正：《军队组织编制管理概论》，军事科学出版社 2009 年版。
［5］刘志生：《国外军官能力建设概况》，解放军出版社 2005 年版。
［6］韩连民、王娜：《外军退役待遇制度简介》，《军事经济研究》2007 年第 9 期。
［7］姜峰：《透视国外职业化背景下的退役军官安置》，《中国人才》2010 年第 5 期。
［8］李勇卫、李国宏、王玲：《美军军官人力资源流动配置研究》，《军事经济学院学报》2010 年第 1 期。
［9］廖国庚、刘宗胜：《美国退役军人就业优待政策及其启示》《中国人才》2010 年第 8 期。
［10］杨临宏、申劲颖：《军人退役安置立法比较研究》，《学术探索》2008 年第 2 期。
［11］赵俊兰、肖尊成：《建立军官职业化薪酬制度的政策建议》，《军事经济研究》2010 年第 8 期。
［12］赵琦：《论美国军人退役安置制度及其启示》，《法制与社会》2010 年第 10 期。
［13］刘旭、邵长宏：《军队职业化渐成世界潮》，《环球军事》2010 年第 5 期。
［14］杨永康：《美国军人退伍安置法律制度研究（二）：现行制度考察》，《西安政治学院学报》2008 年第 2 期。
［15］朱建新：《军官社会保障制度存在的问题与改革构想》，《军事经济学院学报》2008 年第 1 期。

An Analysis of Foreign Professional Officer System

Wang Fangxia

Abstract：To establish professional officer system is the premise for army officer' s professionalism. Countries formed distinctive characteristics of their systems in the process of the professionalism. This paper systematically reviews professional officer systems in the United States, France, Great Britain, Germany, Russia, Canada, Pakistan and other countries and summarizes the main characteristics of professional officer system from the perspectives of authorized size of the staff, officers share, position classification, promotion, assessment criteria, wages, years of service, replacement ratio, compensation methods, employment ways, security system, system complement and etc.

Key words：foreign, professional officer, professionalism

（编辑：苗月霞）

大力宣传普及科学人才观 积极促进人才理论创新

——“《第一资源》创刊五周年暨宣传普及科学人才观座谈会”综述

吴　帅*

[**摘要**]　2012 年 5 月 3 日，《第一资源》创刊五周年暨宣传普及科学人才观座谈会在人力资源和社会保障部召开。来自人事人才领域的有关领导同志和知名专家学者共 80 多人参加了座谈会。会议围绕宣传普及科学人才观、促进人才理论创新展开了深入探讨。

[**关键词**]　科学人才观　《第一资源》　人才理论　理论创新

2012 年 5 月 3 日，《第一资源》创刊五周年暨宣传普及科学人才观座谈会在人力资源和社会保障部召开。来自中央组织部、人力资源和社会保障部的有关领导同志以及人事人才领域的知名专家学者共 80 多人参加座谈会，人力资源和社会保障部副部长何宪作了重要讲话，中央组织部人才工作局局长孙学玉、党建读物出版社社长王占生、人力资源和社会保障部专业技术司副司长俞家栋等作了发言。座谈会由中国人事科学研究院院长吴江主持。会议围绕宣传普及科学人才观、促进人才理论创新展开了深入探讨，认为在人事人才工作中必须认真践行科学人才观，以科学人才观作为推进人才工作科学化的行动指南，发挥好理论刊物对科学人才观的宣传和普及作用，积极促进人才理论创新。

一、科学人才观是重大的人才理论创新

与会同志认为，党的十六大以来，胡锦涛同志提出了科学人才观、人才优先发展等重要思想，同时广大人才工作者以及理论研究者，不断解放思想，大胆创新，在人才领域产生了一大批优秀研究成果，推动了我国人才工作的发展进步。2011 年 12 月 17 日，李源潮同志在全国人才工作座谈会上对科学人才观的内涵进行了深刻、系统的概括。他指出，人才是最活跃的先进生产力；人才是科学发展第一资源；人才工作要为经济社会发展中心任务服务；人才优先发展是科学发展的有效路径；树立人人皆可成才的社会理念；以用为本是人才发展的重要方针；人才投资是效益最大的投资；高端引领是人才队伍建设的战略重

---

* 作者系中国人事科学研究院助理研究员、博士。

点；遵循系统培养的人才开发规律；坚持把改革创新作为人才发展的根本动力。何宪同志讲话时强调，思想解放和理论创新伴随着人才事业发展的整个历程，深化干部人事制度改革，做好新时期人才工作需要基础理论创新作支撑。

知识经济时代，人才的作用日益凸显，与此同时，人才工作也面临一系列新形势、新问题、新要求，这就迫切需要我们不断解放思想，加强人才理论创新。2010 年，我国颁布实施《国家中长期人才发展规划纲要（2010—2020 年）》，提出到 2020 年进入世界人才强国行列的战略目标。李源潮同志在 2010 年人才发展理论创新座谈会上的讲话中指出，建设人才强国必须要有人才发展理论作支撑。与会同志认为，人才强国战略的制定本身就是重大的人才理论创新，而实施人才强国战略更离不开理论创新作为支撑。人才理论创新，有助于更好地把握人才发展规律，解决深层次矛盾和问题，增强人才工作的预见性、创造性、科学性。要将解放思想、理论创新贯穿于实施人才发展规划的全过程，抓住人才发展中迫切需要解决的重大理论和实际问题，深入研究、深入探索，在服务人才发展中推进人才思想解放和理论创新。

当前，人才领域还存在一些束缚人充分发展的旧思想、旧观念，进一步推进人才事业的发展，首先要在人才发展理念上有所突破。与会同志指出，科学人才观围绕我国人才发展的历史与现实，运用马克思主义的历史观和唯物辩证观，系统提出了符合我国实际的人才发展思想理念，科学回答了什么是人才，怎样成才，如何培养、选拔、用好人才，以及人才在经济社会发展中的地位、作用等一系列基础性和根本性问题。

“人才”是一个中国化的概念，国外虽然有一整套较为成熟的人力资源理论体系，但很少使用“人才”这一概念。科学人才观确立了人才来源于实践的理念，突破了过去依据学历、职称等“硬门槛”划定人才范围的观念，提出不唯学历、不唯职称、不唯资历、不唯身份的人才判定标准，强调通过实践的培养、锻炼和发现，人人皆可成才。与会同志认为，科学人才观是重大的人才理论创新，是中国特色人才理论体系的丰富和发展，体现了思想、人才以及生产力的解放，实现了人才内涵、范围以及标准的创新突破，为拓宽人才工作视野找到了理论支点。

二、科学人才观是推进人才工作科学化的行动指南

与会同志认为，科学人才观是科学发展观在人才工作中的具体应用和展开，是近年来我国人才发展的创新实践总结，是推进人才工作科学化的行动指南。科学人才观具有实践性、创新性、开放性的特征，因此还需要在理论研究和实践探索中不断发展。牢固树立和认真落实科学人才观，既是重要的理论问题，也是重大的实践任务，只有树立并落实好科学人才观，才能全面做好人才工作。科学人才观，是适应人才工作新形势、新任务、新要求，符合人才发展规律、充分发挥人才作用的科学观念和正确态度。科学人才观的上述根本特征，决定了它对人才工作的目标任务、战略思维、具体实践具有统领和指导作用。

经过多年的不懈努力，我国人才事业取得了显著成绩，人才管理与开发的总体水平有了很大提高。据有关部门调查评估结果显示，自《国家中长期人才发展规划纲要（2010—

2020年）》颁布实施一年来，人才是科学发展的第一资源、人才优先发展等理念逐渐深入人心。但同时，与会同志也指出，当前无论是在人才发展理念还是在具体制度设计上，我国与世界人才强国相比还存在较大差距。

座谈会从人才的培养开发、评价发现、选拔任用、流动配置和激励保障等五大机制出发，对做好人才管理与开发、推进人才工作科学化进行了热烈讨论。与会同志认为，人才的培养开发，要以系统培养的人才开发规律指导工作。人才系统，是多类别、多层次、多要素、多联系的动态综合体，一是应从经济社会发展的现实需要和长远需要出发，通过审视人才开发领域，考察人才开发类别，关注人才发展梯次，研究人才专业分布，全面规划、系统培养各类人才；二是应以提高思想道德素质和创新能力为核心，完善现代国民教育和终身教育体系，注重在实践中发现、培养、造就人才，构建人人皆可成才、人人皆得发展的人才培养开发机制。

人才的评价发现，要按照人才以用为本的方针，把评价人才和发现人才结合起来。与会同志认为，人才在实践中成长，在实践中体现价值，要不断完善人才评价标准，改进人才评价方式，建立以岗位职责要求为基础，以业绩和贡献为导向的人才评价发现体系，把服务对象的满意度作为重要评价指标，坚持通过实践和群众来识别人才、发现人才。

人才的选拔任用，要以人人皆可成才的理念为指导，建立有利于各类优秀人才脱颖而出、充分施展才能的人才选拔任用机制。与会同志指出，在实际工作中，要不断深入改革各类人才选拔任用方式，坚持以人岗相适为标准，让每个有志成才的人都获得发展机会。党的十七大以来，逐步建立完善来自基层一线的党政干部培养选拔链，深入开展中央机关和地方中青年干部双向交流任职机制等，都是科学人才观在人才选拔任用方面的具体实践。

人才的流动配置，要遵循生产力要素流动的基本规律，建立政府部门宏观调控、市场主体公平竞争、人才个体自主择业的流动配置机制。与会同志认为，目前，我国的市场经济体制还很不完善，市场配置人才资源的基础性作用难以充分发挥，还需要政府通过市场监管和立法等手段，扶持市场发展并在人才资源配置中发挥应有作用。针对目前我国人才市场建设的基本现状和问题，与会同志建议，一是要健全人才市场供求、价格、竞争机制，推进人才市场体系建设；二是要制定发挥市场配置人才资源基础性作用的政策措施，进一步破除人才流动的体制性障碍；三是要加强政府对人才流动的政策引导和监督，促进人才资源有效配置。

人才的激励保障，要遵循人力资源开发与管理的普遍原则，建立健全与工作业绩紧密联系、充分体现人才价值、有利于激发人才活力和维护人才合法权益的激励保障机制。与会同志认为，人才资源是人力资源中最有价值的组成部分，激励保障的目的在于满足人才内在的需要和原始的动机，促进其更主动地发挥作用，做到人尽其才、才尽其用。建立健全人才激励保障机制，当前需要着重从完善工资制度、奖励制度以及社会保障制度三方面入手。

三、积极发挥理论刊物对科学人才观的宣传及普及作用

理论刊物是理论研究成果转化的重要渠道，是学术交流的重要平台，是基础理论研究的重要支撑，是解读宣传国家政策的重要阵地。何宪同志在讲话中强调，理论刊物在推动理论创新方面具有十分重要的作用，要积极发挥理论刊物对科学人才观的宣传及普及作用，推动科学人才观在具体工作中的落实。

中国人事科学研究院作为人力资源和社会保障部直属研究机构，多年来在人事人才理论研究和政策制定方面发挥了重要作用。为了促进理论研究，更好地为政府部门相关决策提供参考，于 2007 年创办了《第一资源》学术集刊。自创刊以来，《第一资源》始终致力于推动中外人事人才和公共管理领域的前沿理论和政策实践研究，大力宣传普及科学人才观，积极推进干部人事与人才理论建设，成为国内人才理论和公共管理研究的重要学术平台。作为国内唯一的人事人才理论研究学术集刊，5 年来，该刊组织国内外专家学者和政策研究工作者撰写发表文章 279 篇，连续出版 17 辑，发行 6 万余册，内容涵盖了人才工作、干部人事制度改革、就业、社会保障、工资收入分配和劳动关系等主要领域。

何宪同志在讲话中指出，几年来，在中组部、人社部领导的支持下，中国人事科学研究院和党建读物出版社携手努力，编委、编辑人员、作者和相关方面辛勤付出，《第一资源》在推动干部人事与人才基础理论研究方面做了十分有益的工作，坚持服务中心工作的办刊宗旨，向广大干部群众积极宣传阐述党的干部人事和人才政策制度，形成了鲜明的办刊特色。作为人事人才研究领域的重要理论刊物，要大力宣传普及科学人才观，积极推进人事人才理论创新。在今后工作中，要一如既往，认真听取各方面意见，不断加强改进，以推动人事人才理论创新为己任，把刊物办得更精更好；始终坚持政治性、创新性、实践性、开放性、可读性的办刊理念，关注人事人才工作领域顶层设计的重大问题，关注相关基础理论研究和政策实践，推动人事人才理论创新和实践工作开展，发挥人事人才理论刊物对理论创新的重要影响作用，力争成为促进人才理论研究的重要阵地。

孙学玉同志充分肯定了《第一资源》创刊五年来所取得的发展成效，指出，《第一资源》围绕党的十七大关于“更好实施人才强国战略”的总体要求，紧跟中央部署和人才工作推进步伐，及时调整栏目设置和研究重点，始终突出战略性、学术性、创新性，组织人才理论工作者大力宣传普及科学的人才观，努力探索人才成长规律和人才工作规律，积极为加快建设人才强国建言献策，推出了一批有价值、有影响的研究成果，凝聚了一批长期从事人才理论研究的优秀专家，培养锻炼了一支富有创新精神的中青年研究队伍，取得了良好的社会反响，逐步形成了自己的办刊风格。

与会同志就如何更好地发挥理论刊物宣传普及科学人才观的作用，进行了热烈讨论，提出以下建议：第一，要更加关注科学人才观的学习宣传工作，深入解读科学人才观的理论内涵及实践指导，系统研究马克思主义经典作家的人才思想，以及党和国家领导人关于人才发展的重要思想，始终坚持正确的政治方向。第二，要更加关注重大现实问题的研究，

系统总结党的十七大以来我国人才队伍建设和人才工作方面的成就与经验，总结各地各部门贯彻落实人才发展规划的创新举措，把人才工作实践经验上升为规律性认识。第三，要更加关注重大政策研究，积极回应社会关注和人才关切的体制机制障碍，研究提出有利于人才成长和创新创业的政策建议，特别是在职称改革、户籍管理、社会保险、技术入股、人才特区建设等方面要加大研究力度，积极建言献策。第四，要更加关注前沿理论介绍，注意引进国际人才发展的先进理念，跟踪介绍国际人才理论研究的最新成果，密切关注发达国家人才发展的新取向，善于总结吸收国外人才培养、引进和使用有益的经验，不断拓宽人才理论研究视野。要加强与国际人才理论研究的交流合作，充分吸收和借鉴国外有益经验和做法，密切关注国际人才发展新趋势，为我国把握战略主动、提高人才国际竞争力提供指引。第五，要进一步加强人才学科建设，多学科深入讨论认识科学人才观。促进跨学科、跨部门、跨领域的人才合作研究，包括加强人才培养单位、人才使用单位和人才理论研究机构之间的合作。各级党委、政府和组织人事部门要把人才理论研究作为人才发展的基础工程、先导工程来抓，加大人才理论研究投入，重视人才理论研究成果的转化和应用，鼓励探索、支持创新，促进人才理论研究繁荣发展。

Publicizing the Scientific Outlook on Talent and Promoting Theoretical Innovation on Talent —A Summary of the Symposium on the Fifth Anniversary of *First Resource* and Publicity of the Scientific Outlook on Talent

Wu Shuai

Abstract: The Symposium on the Fifth Anniversary of *First Resource* and Publicity of the Scientific Outlook on Talent was held on May 3, 2012 in the Ministry of Human Resources and Social Security attended by over 80 participants including government officials and scholars in the field of personnel and talent. Deep discussions were carried out around the publicity and popularization of scientific outlook on talent and promotion of theoretical innovation on talent.

Key words: scientific outlook on talent, *First Resource*, talent theories, theoretical innovation

（编辑：苗月霞）